今ここをどう生きるか

仏教と出会う

塩沼亮潤
しおぬま・りょうじゅん

横田南嶺
よこた・なんれい

春秋社

はじめに

修行の基本は「行を終え行を捨てること」「修行して修行し抜いて万が一悟ったとしても悟ったことさえ捨て去ってしまえ」と、昔から伝わる道しるべを師匠からいただきました。振り返ってみればよくここまできたと思うと同時に、決して安住を望まずここからさらに高みを目指そうと、心のなかには小僧の頃と同じ熱量の何かを感じます。日々、行の基本にたちかえり、自己を見つめて決して軸がぶれることがないように初心にかえり、日々、日常の行を楽しみながら人生を下積んでおりますが、何も特別なことではありません。またこのような心がけはお坊さんだけではなく、全ての人の生き方にもあてはまることだと思います。

このたびの横田老師との対談も、同じような波長がもたらした自然な流れでのご縁だと思います。お互いに若い頃から修行の世界に憧れ、本山の門を叩き、夢と希望に満ちあふれて頭を剃り袈裟をつけても、中身は発展途上の小僧、そこから今日に至るまでの道のりには、厳しい修行や難しい学び、そしてたくさんの壁をのりこえたからこそ、今があるのだと思います。

しかし人としての本質的な成長はそこではありません。人生すべてを修行ととらえたなら、日々、日常においていかに辛い思いや苦しいことを体験し、ときには踏みにじられるような悔しい思い、そして涙を流してこそ内面の成長があります。さらに深い世界では、ただ苦しめばいい辛い思いをすればいいというわけではありません。その辛さ苦しさをどう受けとめ、どう乗り越えたかにより人間的魅力の差が出てしまいます。

すべてが自己を成長させるためのものと感謝して人生を刻む生き方と、思いもよらぬことだと現実を受け入れずうらみや憎しみの感情で迷いの世界を流転し、限りある人生をむだに過ごすのとでは、まるで別の人格になります。

今回の対談では、対話の奥深いところに本質的な人としての大切な成長のポイントを散りばめております。修行道場あるいは社会において、自己を見つめ向上させていこうという方々のお役に立つことがあれば幸いです。

横田老師は若くして円覚寺の管長に、私も若くして大阿闍梨という立場に、しかし、お互いにそうなりたいと思ってなったわけではありません。また、そこを目指し、努力をしてきたわけでもない、今でも小僧の心のまま人生を歩んでおります。

ただお互いに在家から出家し、叩き上がってきたからこそ見えることがあります。時代は急速に変化しております。それによって世の中の価値観や考え方も変わります。そして現代は多様性の時代といわれ、いろいろな考え方やアイディアにあふれていますので、お坊さんも世界中のいろいろな文化や宗教を学び研究し、お互いに協調性を持ちながらリスペクトし合い切磋琢磨し合いながら、皆さんによりよい生き方を提示し、日本から世界によりよい提言を発信していくべきだと思います。

高度成長を経験しバブルの時代を生きた成功者といわれる人たちが、現代の若い人たちに「おれたちの若い頃はねー」などと言っても、全く聞く耳を傾けてくれないでしょう。それと同じで、お坊さんが歴史や伝統の説明ばかりをしても人は育ちません。今からおよそ一千何百年前に誰々がこんなことを言いました、すごいですねー、リスペクトしましょう！、というのでは人はついてきません。そんな時代ではないのです。

今はまさに混迷の時代になりました。天地が不安定で風雨順調でもなく、我々がコントロールできない目に見えないものとも対峙しなくてはなりません。こんな時だからこそ、一般の衆生の皆さまに大安心をほどこす教えを積極的にしていかなければなりません。平和で安心して安全に暮らせる時代ならば、机のうえでさまざまな論理的な教義を論じることもできたでしょう。しかし、今このような困難な時代になり、衆生の皆さま方とともに乗り越えていかなければならない場合には、多岐にわたる選択肢を持ち、臨機応変に対応できる人間力がなければいけません。

だからこそ、皆さまと同じ目線でお互いに尊重しあいながら、一つの方向性に向かい共に歩んでいくという強い意志を持ちましょう。

困難な時代になりましたが、世界中が他を思いやる愛に気づくチャンスであると思います。人と人とが繫がり合い心を通わせ、宗教が手を合わせお互いに敬意を持ちながら、新しい普遍的な何かを模索できる新時代の幕があけるのではないかと楽しみでもあります。

世界中の皆さんの心が少しでも明るく、そして楽しい心になるように、また世界中に微笑があふれるように、みんなで祈りましょう。

令和二年五月三日

塩沼亮潤

今ここをどう生きるか——仏教と出会う

目次

今ここをどう生きるか——仏教と出会う

第一章

出家の理由

——なぜ私は坊さんになったか

清

❖——出会い

横田　私の人生を決定したのは、人との出会いです。とある禅僧の姿を見たのです。それまでに人間が死ぬという問題を少年の頃から考えていましたから、その佇まいを見て、この人は死の問題を克服しているだろうと。そんなことを感じる人物に出会いました。

それが、人に出会うということ、——ここに自分が求めている道があると思ったのが、小学五年生のときですね。十歳でした。それから中学生になり、松原泰道《まつばらたいどう》先生とお会いしました。阿闍梨《あじゃり》さんも対談をなさっていましたね。

塩沼　ええ、たしか松原先生一〇〇歳のご講演の時です。

横田　そうですか。私が松原先生にお目にかかったのが中学生のときでした。訪ねて行きましてね。そういう人に会うごとに、この道は確かだと思ったのですね。

高校生のときには山田無文老師《やまだむもんろうし》という禅僧と、一度きりの出会いをしました。この出会いも大きかったです。高校一年の頃、十五歳のときに一対一で会わせてもらって、こういう人が歩いた道であれば、決して間違いではないだろう、自分が生きる道はこれしかない、と確信しました。

おおよそ、そんなことを感じ出したのが十歳のときですが、その後、松原先生、山田老師との出会いによって確かなものとなりました。その頃は高校生で、親に言いだすのが難しかったですが、大学で親元を離れ、寺に入って暮らしていたので、そのまま自然とお坊さんになってゆきました。

その点は、お坊さんになって今に至ったという点については、全く揺るぎがないですね。その決断はよかったと。ですから、たまさか死の問題を考えていて、お寺や教会、天理教や浄土真宗の報恩講《ほうおんこう》とか、小学生が探索して回ったんですが、これは本物だと思ったのは、禅僧の姿を見た時だったのです。

塩沼　そのお姿を拝した時に、山田無文老師からはどのように何を感じられたのですか。

横田　人間というのはこれくらい神々しくなれるのかと思ったのです。こんな人格になれるならば、この道は間違いがないと思ったのです。それが高校生の時でした。

塩沼　私は実際に山田無文老師とは拝眉の機を得ることは叶わなかったのですが、若い頃に『自己を見つめる』というご著書を拝読した時に何とも言えぬ深い感銘を受け、今でもその余韻がありますね。

横田　お姿の写真だけでもこの世の人間ではないような感じがしますでしょう。その人に出会えたというのは大きな感動でした。

阿闍梨さんの場合は、千日回峰行《せんにちかいほうぎょう》の映像をご覧になったのが初めてですか。

塩沼　子供の頃の記憶ですが、何とも不可思議な思い出ばかりです。たとえば小学校までの通学路を普通に舗装された道路を歩けばよいのに、石垣を登ったり斜面を横切ったりして、まるで修験《しゅげん》の道を歩くように、ランドセルを背負い通学したものでした。道端に落ちていたお守りを、石を積んで祠のようにお祀りして拝んだり、時には近所の同級生をつれて通学しておりました。

今思えば、前生からの行者として何かを受け継いでいるのかと思う節もあります。こんな話をしますと、これまた何とも言えない不可思議な話なのですが、誰でも生まれてくる前、いわゆる母親の胎内にいる時の記憶などは、三歳くらいまで残っていると言われていますね。私の母の話によると、喋れるようになった頃から、「おかあさんのおなかに神様につれてきてもらったの」と、変なことを言っていたそうです。その記憶は今でも鮮明に残っているのですが、二歳か三歳児くらいの小さな私が、長い顎髭の生えた白い衣を着た神様に手を引かれ、「ここにいるんだよ」と言われ、「うん」と答えたシーンが今も記憶にあるんです。

だからもしかすると、お坊さんになって修行する役目があって生まれてきたのかなと思います。

横田　私もそれは共通ですね。前生のことなんて言うと怪しいと思われるので、あまり言いませんが。あるチベットのお坊さんと話した時に、日本人は輪廻という概念がないですね、と言われました。でも私などは、自分自身を考えても、なんで自分が子供の頃からあんなことを求めていたのかと思うと、前生からの続きであると考えないと、整合性がないと思ったりもします。

幼稚園の頃から、お経に親しみを覚えたんです。わが家は鉄工所でしたから、父も母も特別信仰が篤いというわけではないのですが、お仏壇のお経を見ても、般若心経なんて、最初見たときに、見たことがあるなと思って、ぱっと覚えてしまいましたし、これは読んだことがあるなと思ったのですね。

お寺はなぜか懐かしい感じがするし、道を歩いていてもお地蔵さんやお祀りしているものがあると、それを見る前に気づくのですね。

塩沼　そうです。私も全く同じ感じです。

横田　自然に足が止まって、なんで止まったのかなと思うと、そこにお地蔵さんがあって、手を合わせる。そんなことは習ったわけでも、しつけられたものでもない。それ以前のものがあるのでしょうか。

塩沼　ご両親はとくに信心があったわけではなかったのですね。私の家では、朝起きると母ちゃんと婆ちゃんが仏壇に手を合わせている姿を見て育ちましたので、自然に信心が身につきました。昔の日本の家庭ではごく普通にみられる光景であり、いい環境だったと思います。

横田　家では毎朝、母が炊きたてのご飯を仏壇に上げてはいましたが、特段信仰心があったわけではありませんでしたね。そういう中から、私のような人間が育ったので、両親には心配の種だったでしょう。部屋に仏像をおいて拝んだりしていましたからね。

塩沼　ご兄弟はどうされていたのですか。

横田　いや誰も。だから、前生を強調したくはありませんが、人のいのちは一代限りではないと、しみじみ思うのですよね。

塩沼　仏教で、輪廻を釈尊が説いた説かないという議論がありますが、どうでしょう。

横田　よくわかりませんね。でも、輪廻にとらわれすぎてはいけない、という考えは、おそらく持っていたんでしょう。でも、完全に否定はしていませんから、何らかのそういうものはある、ということではないでしょうか。輪廻をあまり強調して、おまえの前生は何だと言い始めると、これは怪しくなりますでしょう。

塩沼　文献を読んでいくと、どうやらインドではお釈迦様以前に輪廻の説はあって、お釈迦様はそれを受け継いで、ということでしょうね。

横田　そうでしょうね。強いて強調しようというのではなかったように思いますね。輪廻のことをサンサーラといいますね。河の流れのように、いのちというものが流れていて、私なんかはその一つのバトンである、そんな考えです。たまさか、そういう役割をもらったのかな、という感じですけれど。

塩沼　輪廻があるかないかは科学的に証明することはなかなか難しいですが、ある科学者が「来世といわれるものがある確率五〇パーセント、ない確率五〇パーセントです。しかし科学の世界で五〇パーセントという数字は、かなり高いんですよ」と言われました。

では、もし私があるかないかと訊かれたら、私はあると信じます。十年という荒行を体験しているなかでは、生死の境を彷徨うこともあります。肉体的限界を感じるたびに不思議な世界を見たり、幻の世界で誰かと言葉をかわすような体験をすると、あるかないかではなく、あるんだなあと感じてしまうものです。

❖――こころざし

横田　子供の頃に回峰行という言葉は覚えていたのですか。それ以前にやっていらしたんでしょう。きっと受け継いでいるものがあるのでしょうね。

塩沼　そうですね、魂の世界でそれを覚えていて、小学五年生の頃にたまたま母と祖母が見ていた千日回峰行の番組がきっかけとなったのでしょう。白装束をまとい短刀を腰に携えて山々を駆けまわる姿を見た時に、「これ、やりたい！」と心の底から思ったんです。もちろんその時は母や祖母にも言いませんでしたが、ここが私の修行の原点で、いま思うとこれがよかったんですね。子どもの頃ですから極めて欲が少ない。「行者さんかっこいい！　やってみたい！」、ただこの思いだけ。千日回峰を行じたら大阿闍梨という存在になるとか、テレビに映っている行者さんが誰なのかもまったく理解していませんでした。しばらくしてからあのお坊さんは、比叡山の千日回峰行者、酒井雄哉《さかいゆうさい》大阿闍梨という方だ

ったんだと知ったんです。

横田　小学五年生ですか、私と一緒ですね。十歳前後、胸に秘めていて、実際にいらしたのはいつ頃ですか。

塩沼　高校生を卒業してからです。

横田　いったんは酒井阿闍梨のところへ行かれたんですか。

塩沼　いえ、それが行かなかったんです。ただ漠然と千日回峰行がしたいと心のなかで思っていただけで、仏教とかお坊さんにはあまり興味がなく、山を歩く荒行をしたいという気持ちが強かったのです。

しかし、これがご縁というものなのでしょう。吉野山金峯山寺《きんぷせんじ》には「金峯山寺報」という宗内の新聞のようなものがあって、知り合いの方が「千日行ってこれでしょう?」と持ってきてくれたんです。それを読んだら大峯《おおみね》千日回峰っておもしろそうだと思ったんです。なぜおもしろかったかというと、とても厳しかったんです。

横田　そうなのでしょうね。大峯千日回峰行は、有史以来二人でしょう。もちろん比叡山も厳しいでしょうが、戦後は何人もなさっていますね。

塩沼　六十数名の成満者《じょうまん》がいるとうかがっています。語弊があってはいけませんので申しますが、修行が厳しいから厳しくないからといって、どちらがいいかということではありません。私は自分の性格上こちらのほうが合っているかな、と感性で決めました。千三百年という歴史と、仏教と神道などが融合した修験道という世界に惹かれました。

吉野から大峯山の山頂一七一九メートルの往復四十八キロ、高低差や気温差を考えると明らかに厳しいと思いました。それを知った以上、「厳しい方に行きたい！」という流れで、電話番号を調べて「入山したいのですが、どのようにしたらよろしいですか」と尋ね、面接にうかがって、入行許可をいただきました。

昭和六十二年の五月六日、仙台を出て修行が始まりました。翌五月七日に得度式をして、五条順教《ごじょうじゅんきょう》管長の弟子となり、小僧生活が始まりました。

老師さんはご両親に出家のことは話されたのですか。

横田　父はもともと鍛冶屋でした。祖父の頃は、河原で鍛冶仕事をやっていたんですよ。熊野川の河原で鍛冶屋を営んでいました。大雨で水が出ると家をたたんで陸《おか》に上がり、水が引くとまた戻りと、そういう暮らしだったんです。中学を出てから鍛冶屋一筋で生きてきた父でした。そういう職人というのはものすごく天気なんかは当てるんですよ。人情の機微や、人を見る目とか、直感力が優れている。そして寡黙です。

中学高校の頃、私がそういう人間ですから、父親はどこかへ旅行へ行ってお土産を買ってくるにしても、私には本を買ってくるんです。お菓子なんかではなく禅の本を。この子はそういうふうに生きていくんだ、と思っていたのだと思います。

ある時、あまりものを言わない父親から、「おまえはあれだけお寺へ行っているんだから、それならば、お寺で生きていけるようにやれよ」と、一言あったのです。それだけでしたね。私は、そういうものかと。ただ母親には辛い思いをさせたんじゃないでしょうか。大学を出て、よその人から「息子さんはどこへ行ったんだ」と言われる時が一番辛いって、ずいぶん言われましたね。でも今は自慢ばかりしていますよ（笑）。

阿闍梨さんの方は理解があったんでしょう？

塩沼　私は親から「こうしなさい、ああなりなさい」と言われた記憶は、生まれてから一度もありません。そこには母なりの理由があり、「男子なら自分で自分の道を決めて歩まなければ男らしくならない」ということと、「誰かに人生を決められた場合は困難なことがあった時に嫌になってしまうから」と言って、一切口出ししたことがありませんでした。出家する時も「やりたいことをやりなさい、母さんと婆ちゃんのことは気にしなくていいから」と。

ただ、そこに至るまで、生まれて物心《ものごころ》ついてからのしつけはとても厳しかったですね。返事、挨拶、礼儀はとくに徹底的に教わりました。何度もなんども同じ目線で向き合い、こちらを納得させる。母ちゃんもきちっとした姿を見せるから、言い訳できないし、「母ちゃんだって」とか、揚げ足が取れないんですよね。「うん」と言わざるをえない。人が見ているところでも見ていないところでも、陰日なたの全くない親だったので、こちらは口答えができません。しかし、学問に関しては全く何も言わない。「努力するもしないも自分の人生だから」と言ってました。

幼い頃からルールやマナーが厳しかったおかげで、お寺に入山してからは楽でした。たとえば部屋に入った瞬間に、先輩がいたと認識したなら年長者の空気感に合わせる。その人に不快な思いをさせないように、というのはいつもこころがけて、自分がイライラしている時でも、「はい!」と返事をする。嫌なことを言いつけられても、絶対に嫌な顔をせずにする、など自然に身についていました。修行生活が始まってから数年経った頃に、師匠が「あの子は欲がないからいい」と、母に言っていたそうです。それもすべて幼少期における家庭の教育、親の躾《しつけ》のおかげです。

お坊さんの世界ではないですが、萩本欽一さんのお話で、弟子にしない基準は三つ。一つ、礼儀のないものは弟子にしない。二つ、勇気のないもの。リスクを背負っても一歩出る勇気がないのは、成長しないからだめ。三つ、がっつく人間、欲のある人間。このディレクターと付き合っていたら将来自分はいいだろうとか、もっといい人と繋がった瞬間に、前の人をないがしろにする人間、そういうのは弟子にしないと。

それから実際にお会いしてお話をうかがった北野武さんは、私は今まで会った人の中で一番のジェントルマンでした。普段の北野武さんはものすごく気遣いができて紳士的なんです。自分が弟子にする基準は、礼儀だけ。礼儀がないやつは弟子にしない。自分が誰かと話をしていたら、その人さえも自分の師匠だと思ってほしい、気安く話をしてはいけない。自分が仕事上お付き合いしているディレクターさんにも上から目線で話してはいけない。だんだんとお付き合いしていくなかで友達のようになっていくのはいいけれど、礼儀だけは守ってくれとお願いしているそうです。

お寺の修行でも芸の世界でも一緒だと思います。まずは礼儀がないと伸びません。そして謙虚であり素直な心がないと、自分の悪いところを指摘されても反発ばかりしていて、自分を悔い改めることができませんね。

横田　そう言えば、ビートたけしさんは食事に行っても、トイレはちょっとでもいいから拭いてくるんだという話を聞いたことがあります。新幹線のトイレでも、汚れていたら、ティッシュでもなんでも、さっと拭いて出てくるんだという話を聞いて、テレビの姿とはずいぶん違う方じゃないかなと思いました。禅の修行では陰徳《いんとく》を積むということで、便所掃除というのはよくやりますが、そういうこととつながる話でしょうか。

❖——出家

塩沼　ところで、出家して得度式というのは？

横田　私は大学生の時に得度したんです。

塩沼　ということは、剃髪はその時に。

横田　私は小学生の頃から、この道へ進むのだと思っていたので、ほぼ髪を伸ばしたことがないのです。

塩沼　なるほど。

横田　髪が伸びてそれを整えるなんて、むだなこととしか思いませんでしたから。散髪屋に行くと、一番短くしてくれと言うんです。伸びるまでほっといて、伸びてくると、また一番短くしてくれと。だから変人ですよね（笑）。それで、最初は、師匠がカミソリで剃ってくれました。

塩沼　髪が短いということはカミソリを当てるだけですね。

横田　儀式は当てるだけですけれど。私は大学生になって東京に出てきて、師匠のところで寝泊まりしていまして。東京のお寺でしたが、かばん持ちなんかをしていて、自分はこのままお坊さんになれればいいと思っていました。

ある時、「今日、頭を剃るか」と師匠に言われて。それで、「お願いします」と。ところが師匠も昔の人ですから、日本カミソリですよ。砥石で研ぐんですが、切れが悪くて。その痛いのだけは今でも覚えていますね。師匠は、わしは剃髪するのがうまいんだと言ったけれど、実際は痛かったですね（笑）。

師匠は、東京の白山《はくさん》道場の小池心叟《こいけしんそう》老師です。大学生の時でした。だから得度式の時には、すでに頭を剃っていましたから、形だけ儀式をしました。

塩沼　私の得度式は、先ほども言いましたが、昭和六十二年五月七日でした。前日に、仙台の母ちゃんと婆ちゃんに、「行ってくる！」と言って、修行の旅に出て、その日の夕方にお師匠様にご挨拶して、翌日が得度式でした。その時に、初めて、師匠と出会ったんで

円覚寺山門

す。初めて会った時に、「うわ、こんなかっこいいお坊さんがいるんだ」と思ったんです。それが最初の印象でした。

佇まいが素晴らしいし、威厳もおありになるし、とにかく十九歳の私は「かっこいい」と素直に思いました。優しいんですけど、優しさは出さなかった師匠です。とにかく怖かったですね。修行僧に対しては笑わないし。お客さんが来ると、満面の笑みなのですが、帰るとすぐに、「なんじゃ！」という厳しい雰囲気に切り替わるお師匠さんでした。そうやって弟子を鍛えていたのでしょう。

一番印象的だったのは、得度式で、初めに懺悔《さんげ》から始まりますね。あなたたちはこれまで俗世間で生きてきたから、知っていて犯した罪と、知らず知らずに犯した罪があるだろう。この二つをことごとく懺悔せよと言われて、合掌して、懺悔文を唱え、修行がはじまるわけです。

小僧たちはみんな「わかりました」というのですが、そこが十九歳で世の中を経験したことのない小僧の、初めての社会です。お寺というのは、みんな和気藹々、仲良く思いやりを持ち助け合って、まさに天国のような世界かと思ったら、全くそんなことはないんですよね。

頭を剃って袈裟をつけて、形はお坊さんになっても、中身は発展途上。だから人間関係は社会と変わらないですね。人それぞれの人生があります。お寺の後継ぎだから修行に来たとか、さまざまな理由があって、本山の門を叩いた。そういう人たちが一緒に生活するのですから、当然ながら大変です。それこそ人間関係というものがお寺でも社会でも一番の修行になるわけで、自分を磨いてくれるのは、人間が一番の砥石です。それが懐かしいですね。

横田　私は大学を卒業して僧堂に入るのですが、それは自分で望んだことでしたし、僧堂へ行くまでに師匠のそばで学生時代を過ごしていましたから、それほど驚くということはなかったですね。冬は寒いとか、夏は暑いとか、坐禅で足が痛いとか、そういうことは大したことはないですが、一番大変なのは、阿闍梨さんがおっしゃるように、人間関係ですよ、先輩との上下関係とか。これは何の世界でもそうでしょうが、禅宗の道場でも、最初の数年間は部屋がありませんからね。畳一畳で、ずっと一緒に寝て起きて、朝から晩までずっと一緒ですからね。

私が僧堂に入ることになった時に、師匠が「これからは忍耐です。なにがあっても忍辱《にんにく》の心を忘れないように」と言ってくれたことを思い出します。

塩沼　出家する前から、坐禅などはやっておられたということですが、忍辱の心というものを如実に感じられたことはありましたか。

横田　そうですね。坐禅自体はそれまでもやっていましたからね。公案《こうあん》、禅問答も中学生の頃からやっていましたから、大学生の頃にはかなり、こなしておりました。別段のことはありませんでしたが、私はそれほど体が頑強というほどではなかったので。禅は労働を尊びますが、少々の道を直したり、池の泥をさらったり、土運びとかは、東京の寺に入ればそれほどの重労働ではありませんでしたので、こたえました。

私は中学から大学まで、出家するために必要なことだけに注意を注いで、それに役に立たないことはすべて省いてきました。お茶が必要ならお茶、漢文が必要なら漢文、お経が必要ならお経を調べる。自分の人生の目標に必要なものだけにエネルギーを注いで、それ以外のことは切り捨ててきました。だから、私のことを早く老師になった、管長になったと言われますが、修行だけを考えてやってきたというだけです。人間の持てる能力というのはおおよそ決まっていますから、自分がこれに懸けるとしたならば、それに何が必要かを考えて、積み立ててきましたので。それ以外のものの時間は、むだとしか思いませんでした。

塩沼　公案に初めて触れた時は？

横田　これは真実の道だと思いました。だから当時から、禅籍の無門関《むもんかん》を暗唱するとか、金剛経《こんごうきょう》を書き写すとか、そんなことばかりしていました。授業を受ける時も、椅子の上で正座するか結跏趺坐《けっかふざ》をするか、中学高校時代はそうやって。足の痛さに耐える体を作っておいたほうがいいとわかるじゃないですか。今はそんな人生設計もなくして、漠然とお寺にやってきますから、それは苦痛でしょうね。

笑い話で、あるとき私の高校の同級生が訪ねて来てくれたんです。女性の方でしたが、私は五十音順で男子の最後。彼女の名字はア行で、女性の先頭でした。それで、一言言いたかったというんです。私はいつもあなたの後ろに座っていたが、あなたは椅子の上に正座をしていたから、ずっと黒板が見えにくかったと。それだけを言いに来ましたと言われて、すみませんでしたと謝りました（笑）。坐ることが必要な暮らしをするのですから、そのためのことだけをやろうと思ってやってきました。

塩沼　相当変わっていらしたのですね（笑）。

ますね。

懺悔

塩沼　老師さんと私は、なにか人生の一大転機があって出家したとか、そういうことは全くなく、自然に仏門に入り、目の前のことをただ淡々と歩んできた、ということは共通しますね。

横田　ええ。自然に、流れに沿ってきただけですね。

塩沼　流れという話で思い出すのが、私の師匠の言葉ですが、定め、という。師匠のあるエピソードがあって、そうだなと私も頷《うなず》くところがあったんです。

師匠は四十九歳の時に、蔵王権現《ざおうごんげん》が夢に出てきて、三年以内に、命がけの行を三つせよ、と伝えられたと。それで師匠は、最初に四無行《しむぎょう》をしました。四無行とは、九日間の断食、断水、不眠、不臥という、一歩間違えれば死に至る行です。

それから、お護摩の大行として、十万枚大護摩供《じゅうまんまいおおごまぐ》をされて、さらに八千枚大護摩供を成満したのですが、その前行で百日間、五穀と塩を絶つのです。それで断食、断水で護摩を修する。日を追うごとに体が衰弱して、もう自分は死ぬんじゃないかと、ものすごく不安になった時を乗り越えて、命がけの修行を三つ達成されたのですが、その時に「定」という一文字を書かれました。

横田　定め、ですか。そう言われると、あまのじゃくの私は抵抗したくなるけれど（笑）。阿闍梨さんは後悔というのはないでしょう？

塩沼　ふりかえってみると全力で生きてきましたので、悔いることはほとんどありませんが、現在のような心境に辿り着くまでには、いろんな人にご迷惑をおかけしたり、知らないうちに誰かに不快な思いをさせたりしただろうと、日々懺悔《さんげ》です。

横田　そうですか。私は一つの後悔があるんですよ。初めて修行に行った道場の老師が、ご高齢で私が入門して三年目くらいで病気になりました。

私は二十五歳。我々の修行というのは、坐禅と、もうひとつ老師と禅問答をしていくのが修行の柱なんですね。ところが老師は病で、禅問答の応対はできない状態になりました。その老師をずっと看病していこうという先輩もいました。ところが私は、禅問答をやらねば修行にならないと思ったのです。そして鎌倉に来ました。若気の至りでしょうね。

それから数年経って、ここの修行道場の師家《しけ》になって、それからまた何年か経った。その老師は、とうとう亡くなりました。私は、老師のお食事を作ったり、お風呂の準備をしたり、繕い物をしたりというお側で仕える役もやっていたものですから、亡くなった時くらいは線香をあげなくては、と思って出掛けたんですね。

そうしたら、老師の後を継いだ今の管長さんが、「老師は、あなたのことを気にかけていたよ」と言われました。これは、申し訳ないことをしたと思いました。

私は一度も見舞いにすら行かずに、禅問答もできない老師のそばにいてもしかたがないと思って、飛び出してこちらへ来たというのは、まことに申し訳ないことをしました。この後悔は抱き続けて、生きていくよりほかない、そう思っているのです。ですから京都へ行った時には、せめてお詫びのお墓参りには行くのですけれど。

塩沼　その懺悔をする気づきを、亡くなっても与えてくださるという、お師匠さんというのはありがたいものですね。

横田　後悔のないつもりで生きてきたのですが、なんと申し訳ないことをしたのだと。懺悔ですね。最近ようやく気づかされた後悔というか、そういう後悔がないのが自慢だったのですが、後悔を抱きながら生きるというのも一つの生き方だと思っています。

塩沼　お釈迦様が説かれたように、心からの懺悔と出会うとすべてが帳消しになると言われたように、お師匠さんにも老師さまの心が通じているのでしょうね。

照顧脚下

❖――面影

塩沼　本当に師匠の後ろ姿というのはありがたいですね。一挙手一投足、生涯忘れない教科書ですね。ある時こんなことがありました。

伊勢に、一般の信徒の方でしたが、中井のおっちゃんというおじさんがいたんです。その方は若い頃、刺青《いれずみ》が入るか入らないかという豪快な方だったのですが、あることをきっかけに信心が出て、金峯山寺で得度をした後、お寺からお願いされて、毎日ある一定の期間お手伝いに来ていた人でした。黙々と目立たない仕事をして、真面目で責任感がとても強かったので、師匠も一目おいていました。

筋の通った人で、私は入山してから可愛がってもらったんです。そのおじさんが私の心の支えでもあったのです。修行道場では、私は自分の目標とする夢があったので、なんでもポジティブにやっていくほうでしたが、ある一定の期間だけいればいいという人や、出世を欲する人、いろいろな心の状態の人もある。そんな時の心の支えでしたが、ある時、私の師匠の知らないところで、古参の方が言ってはいけない一言を、中井のおっちゃんに言ってしまったんです。「あんた、年なんぼや」と。

じつは、その怒りを買ったミスは修行僧のミスでしたが、言い訳をしない人だったので、古参のお坊さんが「あんた、年なんぼや、こんなこともわからんのか」と。その一言で、「亮潤くん、わしはもう今日限り、ここへ手伝いに来ない。本尊さんへの信心は変わらないけれども、この寺の手伝いには来いひんから」。そう言って帰った。

それから二ヶ月、三ヶ月経つと、師匠も気づく。「最近、中井さん来てへんな」。みんな黙っている。それで、私が師匠に呼ばれ、あんたは知っているだろうと。私は嘘がつけないので、「私が申し上げることはできません。もし私が一言言えば、いろんな人間関係が絡むことがわかるので、言えません」。そう言ったら、「わかった、君がそれほどいうのならば、私も約束を守るから、本当のことを言ってくれ」と。「それならば申し上げます。実は○○さまが、こういうことを申し上げました」。「よしわかった、よく言ってくれた、悪かったな」と言ってくれたんです。

ところが私が部屋に戻るときに、その方が師匠の呼び出しですれ違ったんです。

横田　そうでしたか。

塩沼　「ええっ」って、思って。「どこへ行くんだろう?」と。「師匠に裏切られた!」って、思ったんですよね。でもその晩、みなで食事をする時も、その方は顔色一つ変えず、私に何も言わない。それからも普段通りでした。

しかし、話はこれだけではなくて、その方が出てこられた後、また私に呼び出しがあり、なんと、「明日、伊勢へ行くから段取りしてくれ」と。中井さんの家に行くというんです。中井さんは、管長さんが行くとなると、たぶん逃げ出すだろう。だから私が「明日お休みをいただいて伊勢神宮へ参拝します。一緒に参拝しませんか」とお誘いして、宇治山田駅で管長さんとお引き合わせしようと。そこで翌日、中井のおっちゃんは「やられた!」となったのですが、そのままおっちゃんの自宅へ言って仏壇にお参りした時に、師匠が何をしたかというと、座布団を取って畳に額をつけて、「中井さん、このたびは申し訳ありませんでした。大変失礼なことをしました」と。一宗派のトップが一信徒に対し心からおわびをする姿は、私にとって生涯忘れられない教科書です。

横田　ああ、それはすごいですね。

塩沼　壮絶な話ですね。その時にトップの覚悟、というのを教えてもらった気がします。

横田　なるほど。師匠の姿形、立ち居振る舞い、それは道を求めていくところとつながりがあるのですね。憧れだけではこの道は行けないけれども、憧れがなくてはやっていけませんからね。

塩沼　おととい、私のお寺にサボテンの大きな鉢を広島から届けてもらったんです。広島が本店で、東京に一店舗あるお店ですが、そこに、非常にいいサボテンを育ててる若い職人がいて、お弟子さんと二人で来たんです。どうやって弟子を育てているのかと聞いたら、真似をしてもらうと。真似してもらって、一定のレベルになったら彼に全て任せる。すると、自分が気づかないサボテンを発掘したり、全く新しく気づいたりすることもある。真似してもらって、その人の味が出てくる、というので、お坊さんと一緒だなと。

私は師匠と出会って、なんと品のいいお坊さんかと思ったんです。お師匠さんが飲んだお茶をお下げして給湯室へ持ってくると、茶碗からお香の香りがする。一挙手一投足が、素晴らしくて、師匠が通った後、一分後でもお香の香りが漂っているというか。お香をつけていなくても体からお香の香りがするようになって、坊さんは一人前なんや、とおっしゃった師匠だったので。

それで、後ろ姿から、一つ一つ真似したんです。真似して真似して真似して、お師匠さんが興味があるお茶、お香、器も真似してみる。そこまで師匠の真似をしない人は成長しなかったんですね。自分が自分が、という人は成長しない。いかに師匠をリスペクトするか、ということだと思います。真似しているうちに、だんだんと自分の型が仕上がってくるのですね。

山田無文老師という人は、本当にかっこよかったと聞きますが。

横田　無文老師は、かっこよさというのとはちょっと違ってましたが、神々しいという。仙人のような感じで、白いひげを生やして、姿勢が良くて。この世の人かな、という感じでしたね。

塩沼　老師さんはそうなりたいと？

横田　なれるかどうかというよりも、その道を行けば間違いがないという感じがしたんですね。この道より我れを生かす道なし、この道を行く、という言葉がありましたね。

有名な話で、当時のフランスの大統領ミッテランが来日した折り、禅僧に会いたいとやって来た。無文老師は何も喋らない。けれどその姿に圧倒されて、それだけでミッテランは心打たれて感心して帰っていったと、そういう話があります。

第二章
行とはなにか

❖――禅と修験の行

横田　行の話は難しいですね。私たちの行と阿闍梨さんの行との決定的な違いは、禅は何も特別なことをしないことです。修験の行、とりわけ千日回峰行は、ただ歩いているだけと言われるけれど、そちらはやはり特別な修行です。

禅は、今の人は厳しいと感じるかもしれませんが、やっていることは畑を耕し、薪でご飯を炊き、坐って、暮らしているだけです。わかりやすく言うと、一昔前の農家の人のような暮らしを理想としています。

ですから、何も超人的なことをしようということはない。断食もないし断水もありません。過酷というのは、年に一回の臘八大摂心《ろうはつだいせっしん》、――横にならずに一週間坐る、というのがあるくらいで。それでも水も食事も与えられますから、命の危険にさらされるようなことはありません。禅は「平常心」と書いて、「びょうじょうしん」と読むように、特別なことをするより、当たり前のことをすることを修行にしていますから、その意味では大したことはないのです。

　でも今の人は、暮らしが一昔前の農家の暮らしとずいぶん違っていますから、その落差を苦痛と感じるのでしょう。ある意味、それだけのことです。農家の昔の子供が来たら、作物にしてもノルマがあるわけではありませんし、食べるにしても、食べていけるものを作ればいいのですから、苦痛なことはないはずです。

　ただ今の人には、それが苦痛に感じるようになっているというだけです。これは最近の笑い話で、ある道場で入門してしばらくして若い修行僧が逃げ出した。その理由は何かといったら、スマホのない生活に耐えられなかったというのです。スマホがないというだけで、修行を止めるほど苦痛なのですね。でも、それがなかった時代の人にとっては何の苦痛でもない。プライベートがない、個室がないというのもそうです。昔は家族みなで雑魚《ざこ》寝《ね》したりしたものですからね。

　だから、禅の修行の場合は、特別なことではなく、普段の生活が修行だという立場ですから、畑を耕し、薪を割って、ガスを使わずにお米を炊く。以前、阿闍梨さんから禅の修行は贅沢だと言われたことがありましたね（笑）。体にいいことばかりやっていると。千日行の修行は、体を痛めつけ、ボロボロになるまでやっている。こちらは言われてみると、健康なことしかしていない。井戸水と薪でご飯を炊いているなんて、今の時代は贅沢ですね。炊飯器だって、いいものが出てくると「竈炊き」なんて言うでしょう（笑）。こちらは昔から竈炊きです。野菜だって、ほぼ無農薬。ただ肉や魚が普段はないというだけです。食事でも、きちんと坐って食べる。これが今の人には拷問に近いらしいです。

ただ、それだけのことでしてね。あとは、僧堂の生活は、普段の暮らしが修行なのです。阿闍梨さんは普段の暮らしプラス厳しい行をするのですから、そのあたりが大きな違いではないですか。

塩沼　曹洞禅の青山俊董《あおやましゅんどう》老師に最初にお会いした時に、禅の世界では、「日常が行であり、日々が行という教えです。道元禅師も随聞記の中で千日回峰行に触れ、回峰行者のことを生き仏とたてまつっているので、千日行者さんは天狗になる可能性もあると表現していますが、それに対して千日の行をされたお考えを聞かせてください」と言われたんです。けれど、基本は一緒で「行を終え、行を捨てよ」「修行して修行しぬいて、修行したことも忘れてしまえ。万が一悟ったとしても、悟ったことすら捨ててしまえ」ということなのです。

それは、たまたま開祖が生まれた時代背景もあると思います。なぜ修験道の開祖、役《えんの》行者《ぎょうじゃ》は出家したか。十六歳の時に叔父の願行《がんぎょう》のもとで、葛城山の麓、今の奈良県と大阪府の県境で出家得度しました。その頃の奈良仏教は、公家貴族の仏教でしたから、民衆がこんなに苦しんでいるのに、何の救いにもならない。すべての人を救うのが仏教ではないか。当時のお坊さんは仏教学の勉強ばかり、それに対して、反骨精神を持ったのが役行者ではないかと思います。そこで、自らが実修実験しようとした。

当時、葛城からみる大峯山は神々しい山だったそうです。道教や神仙思想も日本に入っていたと思われます。人は死んだら山へ帰るとか、神仏は山に住むという考えがあったのか、あるいは、もともと日本人が持っている宗教観なのか。まず自らが苦修練行《くしゅれんぎょう》に挑み、一つ先の自分を目指して大峯山に千日間こもって修行してみようと思われたのでしょう。

その時の発心《ほっしん》、心のなかの誓願が、末法の世を救うにふさわしい本尊が、なにとぞこの地に降臨していただきたいということでした。すると最初は、釈迦如来が出現したそうです。しかし釈迦如来は優しすぎて、今の荒んだ世の人々にはその心が伝わらないのではないかということで、さらに祈られたところ、千手観音が現れました。けれど同じ理由でもう一度願ったら、弥勒菩薩が現れたそうなのです。現れた三尊すべて非常に素晴らしい仏様なのだけれど、できることなら、人々の心を改心できる本尊をと、さらに願ったところ、天地が鳴り響き、ものすごい雷鳴とともに出現したのが、蔵王大権現《ざおうだいごんげん》でした。正式には金剛蔵王大権現。それが開祖の本尊感得の言い伝えです。

この仏様こそ、この世の救いにふさわしい本尊様だと、大峯山にお堂を建てて、大峯山寺としてお祀りし、さらに麓に下りて今の蔵王堂にお祀りしたのが、修験道の始まりだそうです。そうしたところ、役行者は人を魅了するような雰囲気を体得され、高貴卑賤を問わずまわりにたくさんの人々が集まったそうです。そうなると、当時の悟ってもいない僧侶たちからすると、「何であんな者が人気が出るのか、山ばかりにこもって何の勉強もしてないくせに」となったのでしょう。妬まれ、嫉妬され、讒言《ざんげん》により島流しにされるような試練があったといわれています。

開祖、役行者が修行をしたのは、自分がまず体験してみようというところからです。「修験」というのは「実修実験」という言葉から来ています。自らが実践して、験徳《けんとく》を得るということです。アプローチの仕方が学問からとは違いますが、行き着くところは同じ。「行を終え、行を捨てよ」ということになります。

私が千日回峰行を行じている時に、今上天皇が皇太子殿下であらせられる時に金峯山寺に参詣されました。その時に千日回峰行にご興味をもたれ、ご案内した私の師匠に、「その行が終わった後はどうなりますか」とお尋ねになりました。師匠は「大行満大阿闍梨《だいぎょうまんだいあじゃり》という、めったに得られない称号を得ます」とお答えされ、そのあと間髪入れずに、「ただし社会的には何の価値もない称号です」と言い切ったのです。

　師匠は終始一貫して、行をして行を捨てよ、という考えをお持ちでした。一般の人から見れば、何であんな辛い、人と変わったことをするんだろうと思っても、修行している我々としては特別なこととは思っていない。当たり前のことなのですね。

横田　そうなのですね。私も阿闍梨さんの魅力が謎というか、我々の修行ですら、傲慢になるというのがあるんですね。自分は何年も僧堂で修行したとかいうことが傲《おご》りになって、言葉に出さなくても特別なことをしたという意識があるのですね。しかし阿闍梨さんからは、それを感じないですね。

塩沼　そうですか、私は普通が一番大好きだからでしょうか。修行したり神仏の前で祈る時は別人になりますが、日常は皆さんと一緒がいいんです。でもお坊さんという立場の人は、なぜ修行が厳しいかというと、八十歳、九十歳の、自分より年長者の悩みも受け止めて、お応えしなくてはいけない時もありますから。そういうことができないと、お坊さんとして大したことはないということになりますので。一般の方が一生涯かけて会得する人生の行を、お坊さんは一定の期間、プレッシャーとストレスをかけて成長しなくてはいけない。なぜかといえば、人生の先生にならなければならないからですね。だから修行があるのでしょう。

万が一、年長者より悟ったとしても、上から目線で導くのではなく、その方の下からサポートさせていただくというイメージが私の理想です。

横田　阿闍梨さんは、経典の言葉を使うことはあまりなさいませんね。

塩沼　ええ、いいのかわるいのかは分かりませんが、大自然のなかで生活しておりましたので、あまり勉強する時間がなかったんです。最近になり、たまに春秋社から出ている中村元先生の全集を読んで楽しんでいます。なぜかというと修行や日常で気づいたことが後付け理論でなるほどと頷けるからなんです。

あと、現代のお坊さまの書かれた本は読まないようにしています。それは、修行の過程において気づくことは一緒なんですね。それをそのお坊さまの言葉で表現されますので、一度でも読んでしまうと記憶に残り、自分が表現してしまう可能性があります。これは自分のこだわりかもしれませんが、自分で苦労して涙を流し気づいたことを、その時そのつど自分の言葉で表現していきたいと思っているんです。

横田　なるほど。禅宗は外からみると、どうでしょう。禅語や漢文を使って煙に巻くようなところがありますね。私もそれは避けなくてはいけないと思いながらも、阿闍梨さんの話を聞くと及ばないなと思います。我々はつい、「禅語では」ということをやってしまいますから。

修験の役行者の話がありましたが、とくに禅宗の場合、臨済宗は曹洞宗と違って、高いところにいたのですね。幕府の執権やら知識層を相手にして、民衆にじかに接するのは明治維新前後まで少なかったと思います。江戸時代にようやく盤珪禅師《ばんけいぜんじ》や白隠禅師《はくいんぜんじ》という人が出て、禅が民衆のところへ近づきました。

中国から禅が入り、漢文で禅問答をしますから、知識人の宗教になって、その影響はまだ残っているのではないかと思います。盤珪禅師はそれを否定して、自分の言葉で、当時の話し言葉で表現をしました。

塩沼　いろいろな表現があるのは素晴らしいことですよね。今は多様性の時代ですし、いろんなスタイルのお坊さんが、現代の方々に対し軸をブラさずに表現していくといいですね。そしてお坊さん同士がリスペクトし合い、切磋琢磨し合って活躍していけたら理想ですね。

❖——行の厳しさ

塩沼　禅の世界のことについておうかがいしたいのですが、雲水さんたちは皆さん一緒に寝食を共にして修行されますね。そのなかでだんだんと自我を抑えていくということがまず基本となりますか。

横田　ええ、自我をなくすのは不可能ですが、せいぜいカドを取るということでしょう。昔から、芋はゴロゴロやっていれば、自然と泥や皮が落ちるという例えがあるように。今は個人主義の時代ですが、日本人はずっと集団生活だったのですから。農耕社会でしたから、禅堂で畑をさせたりするのは、そういうことではないですか。自然の恵みをいただいているのだと実感すること。

とくに食については、昔からの暮らしを守っています。若い修行僧は入門前、食べ物を手に入れる苦労はほとんどゼロでしょう。コンビニでなんでも買える。でも修行道場では二十数人分のご飯と味噌汁、茄子《なす》の炒め物を作るだけで、一人の人間が半日、一生懸命になるんですからね。

畑から茄子をとってきて、水を汲んで、お米を洗って、火を起こして、素朴な食事のために半日かける。それをもって、ようやく食事がありがたいと感じる。言葉で言っただけでは伝わらないでしょうね。感謝の気持ちなど湧きませんでしょう。

それから、空腹な状態というのも。夕方三時半頃に雑炊をいただいて、あとは坐禅ですから、若い人は、いつでもお腹が空いている状態。いくら言葉を尽くしてもわからないことが、骨身にしみる。食事が時間通りに間に合わなかったり、料理を焦がしたりすれば、怒られますしね。

不便の良さというか、先日、新聞の記事で「不便益」という言葉を見ました。不便の良さがあるのですね。便利にしすぎて失ったことが多いのでしょう。バリアフリーと言いますが、お寺はバリアフリーでないからこそ、一生懸命、段を上がるなどするのがよいのだという方もいます。道はでこぼこの方が体幹が鍛えられるとか言いますね。もちろん、お年寄りの方もいらっしゃいますから、一律ではありませんが、若い修行僧には、不便を感じるようなことから、感謝の気持ちなどを持ってもらうという、そういう側面があるのではないですか。

塩沼　昔の家屋は大広間があり、個人の部屋などない。広いところで三世代で暮らしていたので、常に周りに気遣いをして生活しなければいけなかった。それがよかったのでしょう。現代社会では基本的に子供部屋がありますよね。結果的に家族の絆がだんだんと薄れてしまい、日常生活のなかで親子が向き合う家庭での教育もできなくなっているのでしょう。そういう若い方が僧堂に入れば、不自由でしょうね。

横田　落差を苦痛と感じる、そういうことだと思います。問題は、僧堂生活を通過儀礼として、僧侶の資格を取るための過程としか思わない人も多くいて、そうすると、ただ辛抱するだけで、意味や良さを知らずに終わってしまうわけです。そうするとどうなるかというと、不便な暮らしの反動で、僧堂を出たとたんに、自由気ままな生活になってしまう。残念ながら、それでも一生お坊さんとしてやっていけてしまうんですね、お経さえ読めれば。それではいけないのだけれど、僧堂の暮らしを活かしていこうという人は少ないですね。

塩沼　その大本の原因は徳川幕府による檀家制度。それがお坊さんの宗教者としての人間力が低下した原因でしょう。当時は、幕府に対して反抗をあおって一揆を煽動するのはお坊さんだということで、そのお坊さんや寺院の力を奪おうとしたわけです。信長や秀吉は僧兵を排除して寺院を弱体化させました。それに対し家康はお坊さんを裕福にして、修行しなくても勉強しなくてもご飯が食べていけるようにしようとした。それが三百年にわたり続きました。いい意味での布教の競争というものが事実上なくなると、総本山というピラミッド型の組織が構成され、肝腎のところが形骸化してしまう可能性が出てきます。ですので、突出したお坊さんが出にくいという環境になりましたね。

横田　そうですね。それにしても、檀家制度というのはお坊さんを弱体化させる意図もあったのですね。キリシタン禁制のために檀家制度を作ったとも言われますが、禅宗の歴史では、江戸時代は暗黒時代と言われ、禅が廃れていきました。とくに本山などが衰えてゆきました。安住してしまったのでしょう。檀家制度があると、いくら傲慢でも檀家さんがやってくるんですね。お墓がありますし、戸籍の権利を持っている。役場と一緒ですからね。修行の中身を問わず、一般の人は頭をさげるし、収入はあるし、それで堕落したのでしょう。

塩沼　大政奉還ののち明治に入って神仏分離があり、そこで大打撃を受けたのが、修験道でした。それまで金峯山寺には、二五〇数カ寺の堂塔伽藍があったそうですが、ほぼすべて取り壊されました。

横田　明治維新の時の、神仏分離は非常に残念ですね。あれはなぜ起きたのでしょうね。

欧米の思想が入ってきて、一神教のようなものをよしとして、神仏習合など低俗だと思われたのでしょうか。

塩沼　ええ。当時の日本は世界を見渡した時、植民地化が怖かったのでしょう。欧米の信ずる宗教に対し、もっと強いバックボーン的な宗教が必要と考えて、明治政府は国家神道を制定しました。その時に神仏習合の修験道はよくないと言われてしまうのです。

横田　神仏習合というのは、日本独自の素晴らしい宗教の形態と思うのですが。でもいま、見直されつつあるのではないでしょうか。修験道や、そういった行をするよさを、見直そうという動きはあるのではないですか。

塩沼　たしかにそうです。大自然のなかで自然に触れて自己を見つめるということが見直されてきていると思います。しかしながら、山伏《やまぶし》というとあまりいいイメージを抱かない原因を師匠がよく言ってました。「徳川時代には大きな勢力があった修験道は厄介だった。とはいえ潰してしまうと民衆の反感を買う。そこで芝居や戯曲でもって修験や山伏は時代の黒幕的な存在というイメージを時間をかけて徐々に植え付けた。それが今でも残っている。三百年近くもかけてやられたから、そのイメージが変わるまでに三百年はかかるだろう」と。

横田　たしかに、最近は時代劇が減りましたが、一頃は山伏や修験というのは怪しい役でしたね（笑）。私は修験の体験はありませんが、生まれ育ちが熊野地方です。熊野速玉《はやたま》神社のそばで生まれ育ちましたから、今でも熊野では火祭りがあって、男子たるもの、それをつとめ上げないと地元では認められないんですよ。だから四つか五つの頃から、夕方に松明《たいまつ》を持って、崖のような石段を頂上まで登って、そこから松明の明かりだけで、ずっと山を駆け下りるんです。激しい祭りです。

それが世界遺産になりましたが、良し悪しです。土地で生まれ育ったものは、山は神様のいるところだから、謙虚な慎み敬う心で入らねばならないと叩き込まれたのですが、世界遺産になると、全くなんの知識もない人がハイキングの延長で来るわけです。そうすると、そんなところで怪我をするはずがないというところで、怪我をする、どうかすると死者が出る。

でも、私らは子供の頃からそういうものではないと教わっていました。神様のところへ、遊ぶような気持ちで行ってはいけないと教えられてきました。山を歩いていれば、恐ろしいと感じますでしょう。人間の意志の力では、どうにもならないところがあるのですね。そういうところは、「通らせていただきます」という気持ちで、歩くしかないのではないでしょうか。修験のことは知らないことが多いですが、子供の頃から熊野というところで育ってきましたので、それは思っているのです。

塩沼 大自然から受ける教訓は大きいと思います。それが修験なのですが、山の中に入ると、自分の心がとってもきれいになるのがわかるんです。一つ一つの出来事に感動したり、涙が出たり。山の中にいる時は誰もいないので、麓にいる時なんであんなちっぽけなことで悩んでいたのだろうとか、愚かだなとか思って、心の深いところで反省することができます。

ところがある一定の期間、山での修行を終えて里に戻っての生活が始まると、芯の部分で懺悔《さんげ》しきれていないのでしょうね。「なぜなんだろう。どうしてなんだろう」と、また心が迷ってしまう。そしてまた翌年、再び山に行く、という繰り返しを九年も修行します。昔から「山の行より里の行」と言われるように、山の修行は一人だけでする修行です。辛いこと厳しいことに立ち向かい精いっぱい修行していれば合格です。しかし里に下りてくると、いろんな人との関わりや感情のぶつかり合いがあるので、山のようにはいかない。里の修行のほうが厳しいということなのですね。

大峯千日回峰行は一日四十八キロの山道を歩き、十六時間かけて一七一九メートルの山へ行って帰ってくる。これで一回です。これを一〇回、二〇回、一〇〇回、合計千回行けば満行ということになります。でも私が重視したのは、九年がかりの千日間をどういう心構えで行じるかということでした。ただ修行しても千日。誰が見てなくても手を抜かず自分を追い込んで精いっぱいやっても千日。ならば後から後悔しないように、行きたくない行かなければならないから行くというモチベーションでは絶対修行しないぞという意気込みで、毎日、鬼のような形相《ぎょうそう》で山に挑みました。なぜかというと修行はやり直しがきかないということです。

今ふりかえってみても、手を抜いたり弱気になったりという記憶が一つも見当たらないことが、修行を終えてからの人生への自信につながり、次のステップに繋がっているのです。修行中は自分でも驚くほどの勇猛心と大自然への畏敬の念からくる謙虚さが、まるで同居しているような心境でした。

横田　山の神さまというのは、単に穏やかだけではない。蔵王権現のお像もそうですが、荒ぶるというか、大自然そのものですから、単に優しいだけではなく、激しさ、厳しさがありますね。そういうものに接するには、人間は謙虚であるしかないと思うのです。

塩沼　日を追うごと経験を重ねるごとに山が怖くなってきます。たとえば若い頃は体力もありますし、エネルギーも有り余っているので勢いよく山を駆けまわり、大地を荒々しく蹴って歩きました。そうすると膝や腰を痛めてしまう体験をし、痛い思いをするわけです。そこで一つ悟ります。山道を歩くときも、人と接する時も優しくしないと自分自身に返ってくると。一挙手一投足すべてに心をこめなければと、一つ一つ気づいていくのです。

横田　ご著書にも書かれていましたが、思いを込めて歩く、と。

塩沼　ええ。そしてだんだんと「右足に謙虚、左足に素直」と歩んでいる自分がいました。

横田　それは荒々しい神仏に触れるから、そういう思いになるのでしょうか。

塩沼　想像を絶するような怖さというのは、本当に、台風が来ると命が何個あっても足りません。崖崩れはあるし、鉄砲水はあるし。一番怖いのは、瞬間最大風速がものすごい谷もあり、風が吹き止まないところを、その一瞬の合間を縫って突き抜ける。もし判断を間違ったら、吹き飛ばされます。

山頂宿坊の、ご飯を用意してくれるおじさんの言葉に救われたことがあります。「麓にいる人たちに千遍言っても万遍言っても、この怖さはわからないだろう」と。そういう同じことを分かってくれる人がいるということは、心の支えになります。

横田　台風が来るというようなことは分かるのですか。

塩沼　完璧に近い確率で分かります。間違ったことはないです。山の雰囲気、雲の流れ、空気の匂いで、日本のはるか南の海上で台風が発生したと同時に分かります。またその台風が近畿地方の西側を通るか東側のルートを通るかも分かります。

横田　すごいですね。外れることはないのですか。

塩沼　ありません。なぜかと根拠を訊かれても分かりませんが、経験と直観です。山の修行に入ると外部の情報も天気予報も全くなく、インターネットなどもない時代でしたからね。人間本来の持っている感覚が自然と目覚めてくるのでしょう。ただ唯一の情報は山頂宿坊のおじさんでした。「台風きますね」「そうや」という感じです。

あと、深夜零時半に出発する時の山の匂いで、今日は雷が来るということも分かります。山はいったん暴れだすと恐ろしい。樹齢何百年という大木が根っこごと倒れてきたりしますので、生きて帰って来られることが不思議だと何度も思いました。

横田　想像をこえる行の厳しさですね。

❖——信について

横田　私がいま考えているのは、「信」ということです。我々の修行の根幹には、信があると思う。禅宗は自己の外に仏を求めるなんてことをするな、と昔から言うのですね。我々自身に修行をやり遂げる力が本来備わっていることを信じろ、それを「自信」というのだと。——それでいて自信過剰になると問題だと思うのですが、とにかく、そういう教えなんですね。自らを信じる。自らの行を行じることができると。自ら信じろ、自分が仏だ、と禅宗では言う。

私も指導する立場になると、やはりそのように言いますが、ようやく気づいたのは、じつは逆であったということですね。信じられているから、やってこられたのだと、あるとき考えが転換しました。禅の老師というのは厳しいし、ひどいことを言われても、自分の力を信じて修行したのだと思っていましたが、師匠の立場から見ると、罵詈雑言《ばりぞうごん》を浴びせながらも、自分のことをやれると信じてくれていたから、自分はやってこられたんだなということが、ようやく気づきましてね。

それくらい禅宗というのは傲慢でして、先にお話した老師でも、頭の片隅に私ごとき一修行僧のことを気にかけてくださっていたということは、信じてくださっている、見守ってくださっている。その中で自分はやってきただけであると。それでようやく、自分が信じる信と、見つめられ見守られる信とが一つになるというか。ただその中で、自分は数十年暮らしていただけなのだということに、ようやくこの数年、気づいてきたのです。

でも阿闍梨さんは、大自然の中でずっとやってこられたから、修験における信というのは……。

塩沼　大自然そしてこの宇宙という信のふところにいだかれて、抖擻《とそう》するのが修験の行の極意です。禅の言葉で表現すると、それこそ大自然の「無情説法」。花が人間の悟りのためにきれいに咲いてくれているという。作為的なものがまるでない。ありのまま、ただそこに佇んで咲いている。置かれた場所に種が飛び、根を張って成長し、花を咲かせている。

その花を自分が見て、なるほどと、うなずき取る。花も風も雨もすべてです。笠に落ちる雨音を聞いた時に、昨日まで流した涙が雨となり、悟れ悟れと励ます雨音。人生において、流した涙が川となって大海原に流れ注ぎ、それが雲となり雨となり、また自分の網代笠に落ちてくる。流した涙が自分を励ましてくれる。大自然は全てが繋がっている、まさに信の世界なのでしょうね。

横田　一体感ですか。

塩沼　大自然の理と自分がつながっているというような感覚です。そこから、自分自身、里においての一挙手一投足を慎まなくてはならない、と気づく。「真の心」と書いて「慎」ですが、それに気づいてくるのです。そういう信になります。何かわからないけれど、そこに人智を超えた大いなる存在があるのだろうと、感じるようになります。信仰心とは、信じ仰ぎみる、と書きますが、まさにそういうことなのだと思います。

横田　大自然にはさまざまな恐怖がありますね。そういう時に蔵王権現など超越した力のある方に、どうかお見守りください、というような願いではないのですね。それは力にはならないと？

塩沼　ええ、経典や師匠から学んだことではない自分なりの哲学みたいなものなのですが、神仏に対しては信じ切ることが大切。信じて疑う心なく一切の抵抗なく、ただ淡々と日常のようにありのままを受け入れるのです。

肉体的な試練は強烈です。年間おおよそ四ヶ月間歩き続けますが、調子のいい日は、一日か二日かゼロです。日々、怪我や体調不良をカバーしながら行を続けます。時として膝に水がたまり一歩一歩が猛烈な痛さをともなう時もあります。膝が全然曲がらない、それでも途中でやめることはできないというルールです。でも、そんな時でも気持ちは楽しいし、モチベーションは高いんです。そういう時に心のなかに思うことは、困難を鍛錬と思う心。そう自分で感じていました。

いま置かれている環境は、神仏が自分の成長を願って与えてくれたプレゼントだと。それをどう乗り越えるかなんです。これは今の若い人にも伝えたいのですが、そういう試練が訪れた時に、乗り越え方は二つあると思うんです。一つは、しんどいなと卑屈な心でその困難が通り過ぎるのを待つ。もう一つは、どんと受け止めて、自分の両の足で乗り越える。そうしなければ、自分の経験値は上がりません。だから試練が来た時には、鍛錬と思って、そこへ突き進んでいく。そこに不可思議な力とスパークする。これが加持《かじ》なのです。

でも、アドレナリンが出ているのか、非常に楽しいですね。

横田　そういう時には、大丈夫だという何かがあるのですか。

塩沼　ええ、自分なら絶対大丈夫と信じ切っていました。途中で失敗したらどうしようとかいう気持ちも思考も、微塵もありませんでした。千日回峰行が始まった瞬間に、絶対に満行するという確信が心の中心の部分にありました。

横田　それはどこからくるのですか。天性のものですか。

塩沼　何でしょうか、よく分かりませんが、自分では、いま与えられている試練を突き抜けなければ、次のステップは与えられないというイメージなんです。ですから行を終えても、また新たな人生の行なのです。いま五十一歳ですが、今でもそのスタイルは変わらず、です。

横田　禅的な自信と一緒ですね。やれると信じたことはできる、と。

塩沼　あと、もう一つありました。受け身にならないことです。受け身になると、やらされているという感じになり、肉体的に追い込まれていきます。常に気持ちは攻めの心で、捨て身で行に打ち込むことがポイントです。最近はみな楽でいかに最短でできるかという考え方をしますが、面倒で遠回りな道を選択して泥臭く生きていくほうが、自分を成長させるうえでは近道なのです。

横田　なるほど。そうして千日続くわけですね。調子がいいのは、一日かゼロ。それでも行けるというのはなんでしょうか。

塩沼　一言でお答えすると、使命感。それが私の原動力です。

横田　自分がやらなければ、という思いですか。

塩沼　何か心の奥底から湧き上がってくる、ある思いが私を動かしているように思います。今までは誰にもお話ししなかったことなのですが、出家する前ぐらいには、ある意味すでに千日回峰行は眼中になくて、あくまで自分を成長させるための過程であり、満行して当然と思っておりました。行を終えたあとは、仙台の秋保という地にお寺を建立し、五十歳をすぎたら世界を飛び回っていたいという明確な未来像が心のなかに確立して、自ら信じて疑う心が全くなく、自分ならできるという信があり、行にのまれるのではなく、行をのみこんでいたように思います。

しかし、現実はかなり厳しいです。今でも大変だったなと思うことは、初日から地獄ですからね、突然、一日四十八キロメートルも十六時間もかけて歩きますので、股が擦れてただれて真っ赤になって、「えっ、これ自分の股?」と思うくらい（笑）、ひどいものです。足にできるマメの大きさは五センチくらい、それも両足に。そこまでひどくなると、すぐには治らないし、次から次と痛いところが出てきます。

日を追うごとに悪化して一ヶ月半くらいには最悪の状態になります。けれど、それでも歩き続けていると、身体のほうで「あっ、この人は本当に病院に行く気がないんだ」とあきらめるのか（笑）、自然に回復して三ヶ月で元に戻ります。

これが自然治癒力というものなのでしょう。大昔の人たちもこうやって自然に身体を治していたのだと思います。ですから現代の人たちから見たら、超人的修行とか言われますけれど、太古の昔のような人間生活の原点に立ち返ったようなことを行じているだけで、何も特別なことはないのです。

原点に立ち返り、ハッと気づく、それが悟りといったら悟りなのかもしれませんが、人としてただ当たり前のことに気づかせていただいただけのこと。雨や風をしのげる場や、おにぎりを必ず与えていただきながら、自分を見つめなおす大切な時間も与えられて、修行ができるというのは、まさに感謝です。

ところで、禅の修行の中では、見性《けんしょう》体験というのがありますね。世界が輝いて見えたとか、悟り体験とも言われるようですが、どういうことでしょうか。

横田　そういうのは、修行の途上で見える景色でしょうね。多くの人が、それを特別な体験だと思うと、間違いが起きるのではないでしょうか。信の話を先ほどしましたが、どんな体験をしようと、それを特別視したり誇ったりしては、修行の落とし穴に落ちてしまいます。そこに引っかかってしまってはだめなのです。そういう体験があるというのは否定しませんが、それにとらわれてはいけません。

究極は阿闍梨さんがおっしゃったように、自分が消えて大自然と一つになるのでしょう。悟りという体験が個人のものである限りは、大したことがないと私は思っているんです。そんなものをいくら自慢しても、歳をとれば単なる年寄りになります。むしろ、自分を包んできてくれた信の世界に目覚め、それと自己とが一つになっていくというのが、本当の信、核心になっていくのだと思います。

法華経に、長者の子供がそうと知らずに、流浪の貧乏人から一つ一つ段階を経て、最後にとうとう長者の子だったと気づくという話があります。私はこれを長い間、長者の子供の立場でしか見ていなかった。でもこれは、長者がずっと見守ってくれていたわけです。ああ、親がずっと見守ってくれていたという、その中にあって右往左往していただけだと気づいた時に、初めて一つになっていくということですから、途中で何かが見えたとか、何かが輝いたというのもないわけではありませんが、——自分の本性を見ることを見性というのですけれど、私はそのことをあまり強調したくないですね。それは、一つの大きな落とし穴に陥ってしまう危険がありますから、私は見性をことさら強調せずに来ました。

塩沼　臨済宗は修行の過程がはっきりしていますね。一つ一つ段階を踏んで上がっていくわけですか。

横田　それは確かに、公案修行といって、長い間のカリキュラムのようなものがありますからね。これも笑い話で、禅問答に通ってきている女性の方がいるのですが、彼女は「こうやって禅問答をやっていけば、私はいつか、何かになれると思っている」と言うのです。その時、私は「いいおばあさんになるよ」と言いました。そういうものですよ。彼女は怒るかと思ったら喜んでいました。私は、いいおばあさんになればいい、それがわかればいい、と思っているんです。

塩沼　私たちも、ちょっとは、いいじじいにならないといけませんね（笑）。

❖——行と身体

横田　身体性ということがありますが、身体は一番正直ですね。

塩沼　本当ですね、生きているというだけでも奇跡のようですし。

横田　無理は利かないし、ごまかしがきかない。どんなに立派な老師さまでも、無理をしている最中は立派そうに見えるでしょうか、いつか必ずしっぺ返しがきます。身体という

のは、『論語』ではありませんが、戦々恐々として、薄氷を踏むが如く深淵に臨むが如く、大事にしていかなくてはいけないのではないかと。生身の体があるうちは、授かりものですから、できるだけ大事にする、ということではないでしょうか。

塩沼　そう思いますね。修験には九世紀頃になると密教的な要素も融合しますので、心と身体の調和のとり方も行じます。密教では、身《しん》・口《く》・意《い》の三密《さんみつ》と言います。作法ではまず印《いん》を組みます。これが身体行為。次に真言《しんごん》を唱える。これだけでは不十分です。そこに観《かん》想《そう》がともなわなければなりません。観想と真言と印。この三つが合わさって初めて密教が成立するわけです。誰かに真実を伝える時も、心と言葉と行いがともなって初めて伝わります。

横田　心と言葉と行いが全て。その意味では、修験道も禅も、そうですね。

塩沼　人間生活の原点ですね。たとえば、ありがとうという気持ちを誰かに伝えるときも、心と言葉と態度がともなって初めて感謝の気持ちが相手に伝わります。

修行生活が始まってすぐの頃、自分の不手際で師匠のお昼ごはんを用意できなかった時がありました。私にとっては初めての失敗で、本当に申し訳ないことをしてしまったという気持ちでいっぱいだったんです。

その日の午後、百数十人の信徒に向かって密教の伝授をしている時に、心と言葉と行いの話に及び、どの一つが欠けても人に真ごころが伝わらない、わしのことを心から思ってくれる者がいたとしても、行動がともなってなければあかん、と説かれた時の気づきは、今でも忘れることができません。

横田　坐禅は安楽の法門と言われるけれど、そうかもしれません。坐禅を組んでいる時の、坐相《ざそう》ということをよく言いますが、三十代、四十代は力でなんとかなるんです。きれいな姿勢を筋肉の力で保つことができる。けれども五十歳を超えると、その頑張りがきかなくなってきます。そこで初めて、脱力ということはどういうことかと、ようやく気づきました。

今も毎月一週間、修行僧とこもって坐禅をします。これまでは力でやっていたけれど、それでごまかすことができなくなる。本当に真っ直ぐに立てば余計な力はいらないんだということが、ここ数年、歳とともに気づいた部分があります。四十代までは筋肉の力で作った坐禅、それはきれいには見えるでしょうが、それでは持たない。真っ直ぐ、自然に腰立つというのは、今日この頃気づいてきました。だから、まだ探究の途上です。これをどこまで続けていけるかなと、日々楽しんでやっているんです。

そういう点では、飽きがこない。同じことをやっているように見えながら、同じ坐禅というのはない、毎回、発見がある。なぜ坐禅するか、新しい自分に出会うため、そう言いたくなるくらいに、毎回違います。それは、阿闍梨さんが歩かれるのも一緒でしょうか。

塩沼　ええ。千日回峰行も九年がかりですので、毎年体力は落ちていきます。一年の三分の一が行の期間なので、前年の疲れが取りきれないまま翌年の行の期間が始まります。体力の低下は二十代から感じました。

前半は体力でカバー、後半は呼吸とリズムでしのいでいました。ある日、山の中でこんな言葉が浮かんできました。「若さゆえに苦しみを吹き飛ばす力がある。年月を重ねるたびに苦しみを生かす知恵が備わる」と。

横田　千日回峰行という限られた時間の中で、私たちが三十年、四十年かけてやってきたことを、ぎゅっと凝縮して気づいていくんでしょうね。

塩沼　今は月に二回、一般の人が参加できる護摩を修法しておりますが、三十代、四十代の頃は全身全霊のエネルギーを投入して、渾身の力を振り絞ってやっていたのですが、五十代になると、それが肉体的にできにくくなります。しかし、技術や経験がありますので、いくらでもカバーできます。ですが、そこに落とし穴があります。修行は反復訓練によって習得していくようなものですので、若い頃は熱量がありますね。しかし五十をすぎるとそれができなくなるので、スキル的なところに流れてしまう可能性があります。そうすると周囲に与えていた感動が半減するのです。このギリギリのせめぎ合いが何とも言えない行の醍醐味ですね。

若い頃の修行は、朝起きて行が始まり、一歩目を踏み出す瞬間に、今日はかみ合わないな、と感じることがありますよね。目覚めた時には、精神面も肉体面もマックスで、良い状態。それなのにかみ合わないという日もあれば、逆に体調は十分でないのに、行に入った瞬間にかみ合う時もある。それが面白い、などという入口で修行を楽しんでいましたが(笑)、だんだん深い世界で行を楽しむようになってきました。

坐禅は、何時間坐っていてもいいな、と思う時もありますか。

横田　そんなことはあまり気にしません。むしろ気持ちいいなんていう方が危ないですね。

塩沼　そこがピークですからね。調子がいい時は悪くなる前兆だと、アスリートもこわがります。ところで若い雲水さんたちをご指導されていて、たとえば臘八摂心《ろうはつせっしん》などを通して感じることはありますか。

横田　集団生活で極めて人為的なやり方ですけれど、みんなでやるからやれる。それで達成感を得る。小さな自信になるのでしょうね。それで止まってしまったら、大したことはありませんので、みんなの力で乗り越えただけだと、冷静に判断できればいいのでしょうけれど、それを繰り返すことで禅宗のお坊さんらしさは出てくるんですよね。そこから力が抜けて、安楽の坐禅になるまでには、もう少し時間がかかると思います。

いま私が関心を持っているのは、自分が三十年、四十年とやってきて、ようやく安楽の法門、脱力に気づいていますが、今の時代に四十年かけて気づくようでは遅すぎます。だからもう少し、教え方を洗練させれば、何かあるのではないかと、可能性を模索しているのです。私らの世界は、先輩も師匠も何も教えてくれない中で模索してやっていくしかない。それで四十年もかかるのでは効率が悪いし、彼らが修行する期間は限られているのですね。

おそらくスポーツの世界も、ひたすら先輩の技を盗めと言われていた時代があったでしょう。それが身体理論を使いながら効率よく上達する方法もあるのですから、禅も上手くいく方法があるのではないかと。それで、身体的な行法として、ヨーガをやったり、野口体操を習ったり、身体的な研究をしているのですが。

塩沼　どうなんでしょうか、一つ思い浮かんだお話があります。私と同期の者が道場で成人の日を迎えたので、師匠がそれぞれに色紙を贈ってくださったんです。同期の言葉には、「桃栗三年、柿八年」と書かれていて、やはり時間がかかるのは致し方のないことなのかなと思っています。

私はいま五十一歳ですが、自分でこれだなという人としての軸みたいなものができあがったのが今年です。若い頃からいろいろと試行錯誤して、「まだダメだ、まだダメだ」と自分自身にダメ出しをして調えてきて、ああようやくいい塩梅に落ち着いてきたなあ、ここまで来たか、そしてまた、ここからだと思っているのですが、時間がかかるのではないかと思います。

横田　なるほど。いま思い出したのは、師匠の小池心叟老師の口癖、「桃栗三年、柿八年、柚子は九年で実を結ぶ。梅は酸《す》いとて十三年、蜜柑大ばか二十年。修行は二十年だ！」と。それを聞かされていた頃は、二十年もやるのかと思っていたけれど、二十年どころではない世界ですね。時間がかかるのは、しようがないですか。

塩沼　こればかりは、しようがないかもしれませんね（笑）。

❖——慈愛と沈黙

塩沼　あと思い出しますのが、私が入山した年の暮れに、年に一度だけ師匠やお寺にお仕えする方たちが一緒に食事ができる日があります。そのときに二人の先輩が、若い修行僧は厳しくするか優しくするかという議論になりました。議論が熱くなり、両者一歩も譲らずという雰囲気になった時に、優しくしないといけないという先輩が、勢い余って師匠に「どちらでしょうか」と聞きました。すると師匠は、厳しくしないといけない。多少窮屈でなければ、教育ではない。甘やかすようでは教育にはならない、という鶴の一声で決着がつきました。

教え育むというところで言うと、修行道場は家庭のような教育の場ではないかと思います。「自我を捨てろ！」とか「下座行《げざぎょう》だ！」とか、目くじら立てて怒りちらす中堅クラスの古参もいますが、下手をすると不条理すぎて信を疑う修行僧も出る可能性もあります。なので、教え導く者は親のような心がなければならないと思います。私の師匠は、いい坊さんになるためには、いい師匠を選ばないといけないと言い切っていました。

その修行道場において、まず厳しく教えなければならないことは、気遣いですね。一を聞いて十を知るという、相手の立場になって、その人の痛みが分かるようにならなければ、万が一悟ったとしても法執となり、人を教化することは到底無理です。

現代は個を主張する傾向が強いので、お互いが相手を察しながら、ものごとを前に進めるということが下手になりました。だからぶつかり合うだけで、生産性のない議論や我田引水のようなことばかりして、まるで他を利することが根底にない動きをする人が増えてきました。こういう子どもの集まりみたいな光景は、どの組織にも見受けられることでしょう。自分の出世や名声ばかりを追う人、無心に目の前に与えられたことを精いっぱい打ち込んでいればよいのに、無駄な労力を使い、自分でストレスを作って生きています。これでは世の中も教育も、我々の宗教界もよくならない。

では、どうすればいいかということですが、家庭における躾です。親と子が一緒に生活するなかで、人間社会や集団における規範や礼節を、子どもと同じ目線になって、厳しい時は厳しく教え育まなければならない。全人格をぶつけ合いながら導かなければならないので、当然、窮屈です。しかし、そこに愛があれば絆が生まれます。親子の絆、師弟の絆、この結び目がしっかりしていれば、どんなに厳しくても笑いがあり、心が繋がっていきます。人と人・心と心が繋がっている状態が、人間は一番安心で安定しています。少し前の時代には、こういう家庭がたくさんあったと思うのですが、今は少なくなってきています。個人で閉じこもっていて、誰とも繋がっていなくてもいい、という人が増えてきていますね。

これでは、修行道場の門を叩いて師弟関係を結んだとしても、絆を紡ぎ合い、苦楽を共にし成長するという、師弟愛の循環が生まれません。その愛があるからこそ、厳しい修行を乗り越える原動力になるのです。さらには御仏《みほとけ》の愛を知ることによって、もっと成長しようという菩提心《ぼだいしん》にもつながるのです。

だから、愛のない道場は若い人の成長が遅くなったり、せっかく純粋な心で自己実現を夢見て出家した若者でさえ、欲に負けたり目先の損得や一時的な感情で、修行が成就しにくい環境になっているのではないでしょうか。

横田　愛ということですね。

塩沼　ええ。仏教は一言で言うと、慈しみの愛、とインド学仏教学者の中村元先生が喝破されています。それが現代社会にも修行道場にも足りない。道場は家庭だからこそ、一挙手一投足を叱咤できる。小さい頃にマスターしなかった思いやりを身につけさせるために

円覚寺舎利殿

は、その修行道場のリーダーに愛、慈しみの心が必要です。そうでなければ単なるイジメになりますから。

横田　先ほど来お話している「信」につながってくるかと思います。彼らはきっと大丈夫だと思って、こちらが信じて見ているということが、一番大きな力になるのではないかと思うのです。それがこの頃ようやく、二十年ほどやってきて、気づきました。私は三十五歳から指導する立場になりましたから、最初は力で教えようと思ったのです。三十代は力で負けませんからね。それがだんだんと、距離感でわかってくるのですね、教える側、教えられる側の。最初は二十四時間くっついて、隙を与えずにやってやろうなんて思うのですが、それは両方ともうまくいかないのですね。

家庭というたとえで言えば、父親というのは、私の父もそうでしたが、ガミガミ言わない。よっぽどの大事な時にはピシャッと何か言うけれども、それ以外は黙って子供たちを見ていて、母親が普段は注意をしたりする。こちらとしては、彼らを信じてじっと見ている。見守ってくれている人がいるのだと感じることが、一番の修行の原動力になっていくのではないかと。そういう意味での信じる愛、信愛というものを、この頃、重要に感じているのです。

だめだと思ったらだめなのですよね。あれはいいところもある、今はだめでも、いつか、なんとか頑張ってくれるはずだと信じる。よくあるのです、「最近入ったあいつはだめだから、早く出したほうがいいです」と言われることが。もうちょっと待て、もうちょっと見てやれと。なんとか変わってくれるだろうと、辛抱してじいっと見守るのです。ああせえ、こうせえと言ってもだめですから、信じて待つまなこになる。これが大きな力になるのではないかな、というのがこの頃ですね。手取り足とりは教えない。でも、彼にもいいところはあるし、いつかなんとかなるだろうと思って、じっと見ている。それがいいのではないかと。

　だから、年がら年中ガミガミ言っていたら、彼らは言うことを聞きません。そもそもガミガミ言われることに慣れていませんから。自分たちが平気だったから大丈夫だろうというのは通じない。信じて見ていて、ある時には「違うだろ」と軌道修正する。そんなことを、この頃は、二十年やって感じるようになってきましたね。

塩沼　そういうことですね。

横田　言葉の問題でも、最近ようやく気づいたことがあります。禅は沈黙の宗教ですから、今でも我々の中には、松原泰道先生のような方であっても、あのように喋るのは良くないという評価もあります。まして私などが同じようなことをすれば、「あいつは調子に乗っているだけや」と見られるような（笑）、そういうことがまだありますが、なぜ禅は沈黙するのか。

とくに修行の初めの頃に沈黙させるというのは、黙っているのが目的ではないと気づきました。それは何かというと、言葉の意味、大切さを本当に知るためには、言葉のない世界を何年間か体験しなければならない。だから言葉を奪うのだ。それは、本当の言葉の尊さ、力を知るための時期であって、ただ黙ることを目的とした沈黙ではないと、ようやく思うようになったのです。

ブッダの教えにしても、長い間、経典化、文字化することをしなかった。それには数多の説がありますが、一つは、私の想像ですが、ブッダとともにいる幸せに満ちていて、あえて言葉にして残す必要がなかったんだと思うのです。それがブッダの死とともに、だんだんと薄らいでいったので、文字にして伝えなくてはならなくなったのではないか。

禅の沈黙は、言葉を大切にするためのものであって、ただ沈黙を強調するためのものではないと、この頃思います。だから、大事なことは語るべきではなかろうか、沈黙とともに語ること、それが大事だと思っています。

塩沼　そのあたりは修験にも通じますね。回峰行中は一切喋ってはいけない、声を出してはいけないというルールです。

横田　その体験があるから、阿闍梨さんのように力強い言葉が湧いてくるのではないですか。それは沈黙の体験によるのではないでしょうか。

塩沼　沈黙の体験が具現化しないと、お坊さんの価値がないと思うのです。ブッダが生きていた時には、対機説法で言葉のアートができたと思うのです。しかし死後百年以上経って、完全に経典化されると、文字に頼るようになり釈尊が神格化されてしまった。釈尊が言ったことを解釈する中で、いろんな宗派が生まれてくる。けれど、言葉だけを頭に詰め込み、議論をするのではなくて、自らがその沈黙の中で具現化して、言葉のアートができないといけないと思うのですね。

横田　言葉のアートですか。

塩沼　これができるお坊さんが、今は日本に少ない。釈尊がああ言った、こう言った、というような、たんなる祖述だけになって。

横田　宗派の場合はとくに宗祖の言うことしか考慮しない。これは閉塞感ですね。

塩沼　そこが、日本の仏教の勢いがなくなってきた理由だと思うのです。だから、狭い考えではなくて、広い世界で、みんなが繋がっていかなくてはいけない時代ではないかと思います。

横田　そうですね。

塩沼　一度、面白い実験をしたのです。私の後輩のお坊さんたちに、「仏教はどういう教えか、三十秒で答えてみて」と言ったら、一瞬、誰も答えられなかったんです。みんな勉強しているのに、突然言われると、「ええっ、仏教って何？」となる。それだけ、仏教徒でありながら、コンパクトにわかっている人がいないんです。深く狭く勉強しすぎているからか。日本にいると宗教について誰かと議論することがないので、お坊さんもあまり深く考えなくてもいい環境に甘えているのだと思います。

横田　阿闍梨さんなら何と答えますか。

塩沼　私は一般の学生さんにもよく話すのですが、海外へ行った時に、「あなたの宗教は何？」と、ほぼ必ず聞かれます。その時に、日本人だから「ブッディスト（仏教徒）」と答えたとして、次に容赦なく浴びせられる質問は、「じゃあ、仏教ってどういう教え？」ですよ、と。戸惑いますでしょう？

じゃあ、お坊さんならばこう答えてしまうと思います。仏教というのは、二千五百年前から始まって、やがて上座部《じょうざぶ》と大衆部《だいしゅぶ》に別れて、と言ったとたんに、「なぜ別れたの？」と聞かれる。さらに「上座部って何？　大衆部って何？」と聞かれたら、もうわからなくなるでしょう。

だから要するに、「ブッダの教えというのは、相手に対して思いやる気持ちを大事にするんだよ。そして、人生をよりよく生きていくためのアイディアなんだよ。大まかに言ったらこういうことかな」と言えば、外国人は「オー・ナイス！」と言って、リスペクトしてくれます（笑）。海外の方は、ほとんど自分の信じる宗教を持っています。また持ってない人でも、どのように生きていくかという哲学をもっています。その上で相手を否定しないでリスペクトしてくれます。

ちなみに、老師さんなら何と答えますか。

横田　それがこのあいだ大学で現実にありまして。オリエンテーションを担当している若い学生さんが、「高校生から、仏教はなんですかと聞かれたら、なんと答えたらいいですか」と。「難しいことを聞くね」と言ったけれど、その時はとっさで、「そうだね、ああ、生まれてきてよかった！　生きててよかった！　と、心から思える教えだ」と、そう言いました。

それこそ難しいことを言っても、高校生には通じないでしょうからね。生まれてきてよかったと思える、そういうことだと。いま阿闍梨さんから、思いやりとよく生きることだという話がありましたが、ブッダに通底しているのは、慈しみですね。

塩沼　ええ。もうちょっとシンプルに、いろんな宗派のお坊さまたちが衆生《しゅじょう》の皆さまと同じ目線で、苦楽を共にして誰かのために祈りを捧げて親しまれるといいですね。

❖――内面を磨く

塩沼　身体技法は、老師さんは結構なさっていますが、そこからの学びはありますか。

横田　さっきの話では、長い時間かけて育てるしかないという結論でしたが、それでもなんとか自分のように回り道をしないで、彼らには安楽なる道を、三年なりにでも体験できる道はないかと思ってやっています。さまざまな技法を知っていると、彼らは興味を持つんですね。まず修行に対して前向きに向き合う心を持ってもらう。ただ言われて我慢する修行では身につかないので、さまざまに学んでいるのですね。

私はいま習い事を五つくらいやっています。ヨーガ、野口体操、中国語、気功、それから、気流法。中国語というのは老化防止ですね。どんどん覚えたことを忘れていくものですから（笑）。

塩沼　やはり行と繋がってきますか。

横田　ええ、繋がってくると思っていますね。ひとつは、私は行の現場におりまして、体力は衰えますので、いかにしてこれを持続し発展させていくかと日々工夫しています。そう思うと、あらゆるものを活用して、坐っていかなくてはならないと。

もうひとつ、阿闍梨さんにうかがいたいのは、お坊さんの中でこういう話ができる人は極めて少なくなっていませんか。なぜ面白くないのかな。

塩沼　あっはっは（笑）。老師さまもひどい、とても素敵な質問ですね。今ふうに炎上覚悟で申しますと、ご飯が食べていけるからでしょうね。今の日本の修行道場の唯一の欠点は、精いっぱい努力している者にも、怠惰な者にも同じようにご飯が与えられます。これはとても甘い環境だと思うのです。

社会に出れば、努力しなければご飯が食べられない、ノルマを達成しなければお給料は減る、嫌なことがあってもニコニコ笑ってないといけない、と厳しいことばかり。なぜ私が心が強いかというと、師匠のもとを離れ、本山から卒業したと同時に、収入がゼロ、檀家もゼロ、お葬式もしない、ご飯が食べていけない、というところからスタートしました。修行はしたものの、お寺を建立したことがない。だから血尿を出しながらお寺を建てて、講演も本も書いたことがないので、血尿を出して学んで、気がつくとお寺の職員や修行僧にご飯を食べさせていかなければならない。と同時に、私の不得意とする分野のパネラーとして登壇しなければならない。となると時間のないなか、毎日が受験勉強のような地獄の日々なんです。ベンチャーのようなお寺の住職は自然に力強くなりますよね（笑）。

横田　そうでしたか。どうしても今は、枠の中で生きている人がほとんどですから。阿闍梨さんがご覧になる中で、この人は面白そうだという人はありますか。

塩沼　いないですね（笑）。ところが、地方にはゴロゴロしていますよ。手を合わせたくなるような、おじいちゃん、おばあさん、お坊さんがいらっしゃいます。

横田　そういうのが、仏教の強みでしょうか。田舎というか地元に根付いているのですね。

塩沼　たまに漁師町へ行った時など、田舎のおじいちゃん、おばあちゃんに出会うと、からだから出ている力、「人生を生きてきたぞー」という力が、ものすごい人と出会います。仏教とか、信仰とか、宗教とか、全く知らない人でも、人間的に「この人、すごいな」という方に出会うことがあります。

そういう人に負けない人間力を持っていないと、お坊さんも大したことがない。そうでなければ、お坊さんの価値がないわけですから。そういう人たちに、もういっぺん会いたいと思ってもらえる人間力を身につけないと、お坊さんはダメでしょうね。「なんぼ難しい説法されでも、オラたちはよく分がんね」「メシ食っていぐだけで精一杯だ」「オラたちの苦労が分がっか？」って言われたらどうします。

横田　私も漁師町の近くで育ちましたから分かりますが、かれらは鋭いですよね。海の上で命がかかっている。板子一枚、命をかけて、真剣に生きていますからね。

塩沼　これからはどんどん時代が変わると思います。二十年くらい前からコンピュータが普及し、ものごとの価値観も変わってくるでしょう。ひと昔前なら、檀家寺の言うことなら仕方がないと、修繕のご寄付も集まりやすかったでしょう。しかしこれからは、時代を担う若者たちからも慕われるように、お坊さま方も内面磨きをしなければならなくなるでしょう。修行道場の修行ばかりが修行ではなく、人生とは生涯さらに高みを目指す修行なのですから。

昔、千日回峰行で自分を追い込んで、苦行と言われる修行の中で自分を磨いてきたけれど、内面的な成長のスピードというのは、回峰行を行じていた時代と今を比べたら、今のスピードのほうがかなり早いです。それは自分を成長させるポイントを知り、実践しているからなんです。

横田　ああ、それは、秘訣を教えてくださいますか。

塩沼「え？　そんなの？」という、たいしたことではないのですが。一つは、イラっとしたり、ムッとしたりする瞬間が、一日のなかで誰でもあると思います。その瞬間にマイナスの方向に振れた針を自分の意志で戻すという、とても簡単な作業です。

それから、もう一つは、一人を慎む。一人でいる時間は必ずありますから、その時間ほど自分を律して、ちゃんとする。本を読む時も正座、勉強する時もそう。身の回りも整理整頓する。カメラで撮ってもらってもいい、というような生活をする。誰かの前にいる時より、一人になるとピシッとする。なぜかというと、オンとオフがみなさん逆ですよね。一人の時にだらしなくて、みんなといる時はちゃんとする。そういう裏表を作らない。ということは、オンとオフがない。いい格好しないので、ストレスがなくて済みます。

私たちはどうしても思い通りにならないと、「どうして？　何で？」と思考してしまうところがあるので、常に心の針を自分で整えることです。

横田　それは、別のことに心を振り向けるのですか。

塩沼　パッと、このことは考えないようにしようと。捨て去るのです。心の断捨離です。鋭い真理の刃物でパッと切り裂くように。人生生涯、悪しき心のモグラ叩きですね。

横田　本当に（笑）。絶えず出てきますからね。

塩沼　どんな人でもそうだと思います。

横田　私も幸いこの頃は、イラっとしたり、ムッとしたりというのは減ってはきていますね。それはありがたいと思いますけれど、内面を上げていくこと、深く広く、これを楽しみにしていけばいいのですね。

第三章

この〈世界〉をどう生きるか

❖――若者たち

塩沼　「今どきの若い者は」という言葉を耳にすることがありますが、何千年も前から言われているそうですね（笑）。しかし、今の若い人といっても慈眼寺に来る若い起業家たちは、私たち世代が発想もしないようなアイディアを持っていたりします。考えてみれば生まれた時からスマホがあり思考が違うので、時代にマッチしているのかもしれません。それでいて心がとてもピュアなところがあったり、本気で世界の平和を考えていろいろと行動に移している人もいます。彼らが言うには「僕たちはいろんな発想を持っているし、ビジネスでも絶対にヒットさせることができるんですが、中身がないんです。そういうところを亮潤さんを見ていると、一挙手一投足から気づくことがあるんですよね」と言われます。

横田　なるほど。

塩沼　勉強もできる、アイデアも湧いてくる、世の中に貢献もできる。しかし、人として最も大事な本質的なことが弱いと自覚があるようなんです。彼らは海外にも進出してますので、その時に人として大切な礼節や敬意ある態度や言葉がないとビジネスが厳しい、という痛い思いをしているわけです。本来であれば、社会に出てからまわりの人に迷惑をかけないように、また恥をかかないようにと、人として大切なことを教えて社会に送り出すのですが、その家庭の教育のシステムがなくなったようです。ですので、道場に入山してくる若い人たちに、返事、挨拶、マナーから教えなければならないので、負担が大きくなります。たまに「夢、目標、努力、一切興味ありません」「波風立てず一生終えたいです」という若者に出会うと、「えー」となります。本当に現代はいろいろなタイプの人がいますね。

横田　ベンチャーでがんばっている若者たちですか。たしかに若い修行僧を見ていても、本当にさまざまですね。

塩沼　私も、若い人と話していると、この発想は面白いなと思うことがあるんです。彼らは生まれた時から、スマホとパソコンがあるので、脳の回路が違うみたいなのですね。明らかに時代に合う伝達が上手です。それは肌感覚で私はわかる。時代が変わってきているので、ヒットさせたいならば、そういう能力を我々が認めるのも大事だと思います。

ある業界で活躍する五十代のヒットメーカーの方とたまにお会いします。その方はどんなところにビジネスを展開しても失敗しないという、時代を見る力、直感力が優れている方なのですが、「もう我々の時代ではない、発想が違いすぎて白旗ですわ」と言いました。現実を認め、白旗を上げる潔さはいいですね。

横田　そうですね。自分らに及ばないものを持っていると認め、白旗を上げることができるというのは、非常に賢明な人だということですね。たいがいは、おまえたちはまだまだだ、おれたちの方が長年の経験で培ったものがある、とか言うのでしょうね。だから、若者の問題というときには、私たちの方にも問題があるのではないですか。

塩沼　そう思います。私はいま五十一歳で、七十代、八十代の経営者ともお友達ですが、二十代から三十代の若い人たちもお友達なので、年長者の方々がとても興味を持っていろいろ訊いてくるので、「おつなぎしましょうか」と尋ねると、「ぜひ！」と言うんです。

ただし、二つだけご了承いただきたいのが、彼らには皆さんが望まれるような礼儀やマナーはないし、遠慮なく何でも訊いてくるし、ずけずけと言ってきます。また、実際に会って「この人すごいな」と思われないと、いたるところで悪口言われますよと申し上げると、「そうですか」と引いてしまい、実現しないまま話が流れてしまいます。

失礼ながら高度成長期からバブルの時代は、何をやってもそれなりにうまくいったと思います。しかし、今は時代が違いますし、同じことをやっていたらご飯が食べられない、厳しい時代に彼らは生きていますので、「我々の時代は」なんて言うと、若い人たちの心はすぐにクローズします。私ははじめから白旗をあげて教えてもらいますが。

横田　やはりそれが大事なのではないでしょうか、若者がどうこうと言う前に。いま、愚かさというような話がありましたけれど、仏教的にはそれを広く、貪《とん》・瞋《じん》・癡《ち》と言いますよね。それで面白いことに、我々の大乗仏教というのは、それらを否定しない教えなのですね。貪りも怒りも愚かさも、みんなそれは、大きな生きる原動力だと言うのですね。

塩沼　若い人たちにいつも言うのは、誰かから何かを指摘された時、どうしても人間ですから、イラっとしたり、ムッとしたりしますよね。そうしたら、次はどういう思考をするの？　その人を恨む？　それとも自分に対して「ちくしょう」って思う？　そう聞くんですね。

私も瞬間的に「ちくしょう」って思うんです。それは相手に対してではなく、できなかった自分にたいして。「ちくしょう」と、二～三秒、悔しがります（笑）。しかし、次の瞬間に心の針をプラスの方に強い意志でもっていきます。

でも今の若い人たちの中には、失敗しても「あっ、すんません」という感じで、深く反省しないことがあると思うんです。

横田　あまり感情の揺れ幅がない気はしますね。

塩沼　それで、同じ失敗を何度もしますね。

横田　それはありますね。そこをどうするか。前にも言いましたが、最初のうちはなんとかこれを変えてやろうと思ったのですけれど、それは徒労に終わることが多いので、今一番に思っているのは、どんなにしようがないと思っていても、その人に必ず光るところがあるのではないかと、それを探してみる、見つからなければ待つ。待つことを最近ようやく覚えました。信じることは待つことである。可能性がないのではなくして、時間が掛かる、そこを気長に待つというのが最近気がついたことです。

やはり若者の問題というのも、こちら側の問題意識が大切でしょうね。なぜ、いいものを持っているのに、それを発揮できないのか。おまえはだめだと言われ続けたりして、萎縮してしまっている面もあるのではないかと思います。

塩沼　人の言うことを心で聞くということが大事ですね。本質的なことからずれた物事の捉え方、考え方をして失敗した時は、こういうことは人として恥ずかしいことなんだというマインドを、幼少期に教えこまなければならない。その土台がある者が道場に入ってきた場合は、ほったらかしにしてても一人でどんどん成長しますね。それは師匠の言葉を心で聞いているからなんです。恥とは心の耳と書きますからね。

横田　なるほど、心の耳ですか。

塩沼　こんなことに気づかなかったのか、と自分を調えることのできる人は放っておいても伸びるんですよね。そういう小さな頃からの訓練、下地があると、社会でも活躍できるのではないかと思っています。伸びる若い人と伸びない人の違いは、そこにある気がします。

こんなことをしたら恥なんだということを、親が子に教える。そういう絆をいかに築いてきたかだと思うのです。師弟関係も、親子関係も、同じ目線で、ぶつかりあい、全人格をぶつけ合うから、窮屈だし面倒だし痛みもともなうけれども、この教育過程が人間形成においてとても大事で、慈愛のない師匠や先輩が上からただガミガミ言っても、後輩たちには伝わらないですね。逆に「おれらのことを心から思ってないくせに、自分の感情だけで、わけのわからん説教をして何だ」と反発してくる。これでは心と心の絆のキャッチボールが、どんどん下降してしまいます。お互いに人格を認め合っていると、お互いに人格が向上して、教わる方も導く者も高まっていくのですね。だから修行の成就していない途上の古参の方も、真実の愛を心の芯の部分にとどめおき、命懸けで若い修行僧と向き合っていただきたい。

これが今、日本の社会の、お父さんお母さんや企業のリーダー、そして政治家の皆さんに、精神面における教育として提言したいことです。よく高圧的に相手を押さえこんで従わせようとしている人を見ると、哀れに思いますよね。「どんだけ徳もゆとりもないの?」と言いたくなります。権力で人の心は変えられません。

慈眼寺では弟子や職員の人たちにも私は敬語を使います。それだけでも、お互いに敬意を払いながら、お互い相手の下からコミュニケーションを取るので、人間関係の上昇気流が生まれます。でも、いまだ達観を得てない修行僧が物事の捉え方を間違った時や隙を見せた時には、間髪いれずに軌道修正してあげる、これが師匠の役目ではないでしょうか。だから親と子が一緒に住み、親の背を見て子が育つ、というように、それが修行道場が存在する本来の意義なのでしょうね。

横田　我々の修行時代というのは、師匠も先輩も命令口調だったでしょう。でも、それだと今は育たない。以前は、それが反発力、いい原動力になったのですが。私の師匠は、教育は麦踏みと同じだと言いまして、麦は踏めば踏むほど強くなるのだ、そう言っておられました。ところが今は、踏んだら芽が出ません（笑）。ある程度、芽が大きくなるまでは、つっかえ棒や添え木でもして育てないと、踏みつけたらそれでおしまいです。そういうこともあるかと思います。

塩沼　辛さ、苦しさ、悔しさ、悲しさを行力に変えるコツを感覚で知っていましたのでね。優しく褒めて育てるという環境で育ってきた人たちは、ほんの少しでも否定されたり不快な思いをすると、もうだめなんですね。百のうち九十九褒められて円満な関係を続けてきたとしても、たった一つでも否定的なことを言ったら、その瞬間に「この人は嫌い！」となって、九十九の出来事がすべてネガティブなものになってしまいます。

横田　オセロゲームのように、一瞬のうちに。本当にその通りですね。私らの頃はそうだったんだと言っても通用しませんからね。若い人だけのことではないかもしれませんが。現実にこちらで、若い人を一定期間預かって、ということはあるのでしょう？

塩沼　修行僧は一年ごとに更新していき、ほどよい緊張感を持って、明るさ、ひたむきさを持って生活してもらいます。また、グループで短期間泊りがけで来るケースもあります。その場合は現代版の問答みたいな感じです。彼らはビジネスでは成功していますが、人間的な部分での不安を抱えているようなんです。例えばどのように自分を磨いていけばいいのかとか、意見を求められます。一方的にこちらが喋るということはないです。私は説教じみたことは一切言わないのです。かれらの、その人の内面的なところを感じとる力はとても敏感です。

横田　そういう目はあるのですね。純粋だから見ているんでしょうね。

塩沼　そうですね、若者に限らず子どもにも、人間の持つ器の大きさや包容力は見抜かれるでしょうね。ひと昔前でしたら、ありがたいお説教を素直に聞いてくれたり、大阿闍梨ですとか、どこそこの総本山の管長ですとか言うと、「ははーっ」っていうことになったでしょうが、今そしてこれからは、そんな生易しい時代ではないです。とにかく会った瞬間に、「ワォー!」っていうものがないと、彼らはリスペクトしてくれないでしょうね。

ですので、我々もただ修行するのではなく、いかに修行しぬいたか。ただ一日を過ごすのではなく日常を行とし、いかに精進し精一杯生きるか、と自問自答しながらステップアップし続けていかなければなりません。足がすり減るほど山を歩き回ったり、経典を頭に詰め込んでも、それだけでは修行オタク、学問オタクに過ぎませんから、誰も相手にしてくれない。

では、どうしたらいいかということになると、衆生の皆さんと同じ苦しみ悲しみをたくさん体験し、それをポジティブに乗り越えることです。自分も辛い思いをし、涙を流す経験をするからこそ、力のある言葉を与えることができます。自分が体得していない経験していないのに、上から目線で説いても説得力がないし、失礼になりますし、人の心の奥底までは伝わらないでしょうからね。

日本の仏教指導者に辛辣に聞こえましたら申し訳ないことですが、これが宗教家として普通の世界基準です。日本はしばらくの間、平和が過ぎましたので、海の外にも興味を持つこと、海外に身を置いて俯瞰する時間もあるといいですね。

❖――向上する心

横田　先ほど大乗仏教では欲望――貪りや怒り、愚かさを否定するのではなく、それを肯定的に育てていくという話をしましたが、我々の禅の文献で、六祖壇経《ろくそだんきょう》というのがあります。大事な経典ですが、その中に「婬《いん》を除けば、すなわち是《こ》れ浄性心《じょうしょうしん》」とあります。これは欲望を否定している表現ですね。ところが、これは後世の解釈だったのです。というのは、近年、敦煌文書《とんこうもんじょ》の発見があって、初期の六祖壇経には、「婬を除けば、即《すなわ》ち浄性心なし」とあったのです。つまり欲望を肯定しているのです。

ですから、禅の場合も、元来は貪りや怒り、愚かさを肯定するのです。浄性心という仏《ぶっ》心《しん》・仏性《ぶっしょう》が、貪《とん》・瞋《じん》・癡《ち》として働くのである、というのが禅の最初なのですね。それがのちに、誤ってあまりに自由気ままになりすぎるというので、それを制御しようとして、「婬を除けば、すなわち是れ浄性心」という否定的な表現になっていったというのが、歴史的真実なのですね。

貪りなどなくして、人間として向上していこうとするのも一つの欲ですね。自分のためにも周りのためにもなるような、良い欲を育てる。それを愚しさと言ってしまうと、どうでしょうか。貪欲《とんよく》のない人間がいいのかというと、そうではない。大乗仏教ではとくにそういうことではありません。貪欲を向上心にするのです。

怒りも大変な力ですから、大乗仏教の場合は肯定する。蔵王権現さまも、怒りが表されていますね。これは修験では、どのように説明なさっているのですか。一般には、穏やかなお顔の観音さまや大仏さまを拝みますが。

塩沼　前に役行者の話をしましたが、その後の話があります。なぜあのように恐いかというと、たとえば、子どもが言うことを聞かない時に、親が優しい顔をして言っているうちは子どもは言うことを聞きませんね。しかし、「こら！」と叱ると、子どもはハッと気づいて「ごめんなさーい」となります。このように改心させ気づかせてくれるのは厳しさなのですね。

横田　現実の世の中を見て、これではだめだという怒りではないのですか。

塩沼　ええ。蔵王権現の忿怒《ふんぬ》の相は、子どもを叱る時の親の姿なのです。恐い顔をして叱る親であっても、心の中では子どもがまっすぐに育ってほしいという親の心、すなわち慈悲の心があるからなんですね。

横田　単に抑えつけるのではなく、よくなってほしいという願いの表れであるのですね。

塩沼　すべてが表裏一体です。お師匠さまも弟子に訓示をする時は厳しいですね。密教でも優しい大日如来と厳しいお姿の不動明王は表裏一体、日本の神様にも和魂《にぎみたま》と荒魂《あらみたま》があります。私たちも一緒なんですね。さらにもう一つ分かりやすい表現をあげますと、大仏師松久宗琳《まつひさそうりん》先生の言われた言葉ですが、「仏様というのは優しいだけでもだめ、厳しいだけでもだめ、神秘的じゃないといけないんです」と。

横田　神秘的ですか。

塩沼　ええ、「そうでないといい仏像にならないんですよ」と。なので私たちも、内心に慈しみの心を秘めて厳しさと優しさを、向き合った人の器に合わせ、その状況に合わせて、変幻自在に施せる神秘的な魅力をもっていないと、人はついてこないですね。

横田　我々禅宗では、仁王禅《におうぜん》と言うこともあります。また、不動明王の気迫をもって修行しろともいいます。最初から柔和な顔で坐禅してはだめだ、不動明王のような迫力を持てと。それが年数を経て、だんだんと穏やかな仏さまになるのだというのです。

塩沼　私も一緒の体験をしました。千日回峰が始まる頃は荒々しい仏様の姿を拝しているのがよくて、山での修行はまさに一切の妥協も許さないという勇猛心で挑みますので、念持仏の蔵王権現を松久宗琳先生に彫っていただいたんです。

その時に先生に、「私は一生涯、観音さまや弥勒菩薩のような優しい仏さまは持たないと思います」と言ったんです。そうしたら先生がニコッと笑って、「修行が終わったら優しい仏さんが欲しくなりますで」とおっしゃった。その時は「絶対にないです」と二十三歳の私は言い切ったのですが、行が終わると不思議に優しい仏さまを拝みたくなりました。

横田　そうなのですね。勇猛心という言葉が出ましたが、貪欲、貪り、怒りというのを、勇猛心という方向へ向かわせる、方向づけが大事なのではないでしょうか。

塩沼　そうですね。若い頃は勢いだけはありますからね。エネルギーが有り余っているぶん、力がありますから凄まじい行ができる。しかし、怒りや悔しさをうらみや憎しみのほうに向けたまま修行をしてしまうと、行が成就するどころか迷いの世界に入り込んでしまいます。そこはしっかりと感情をコントロールして菩提心《ぼだいしん》へとリンクさせる、心のなかでの作業が必要ですね。

横田　貪りや怒りで終わってはだめで、それを勇猛心へと育てるということでしょうね。

塩沼　そこに気づきを得るという方向性が大事だと思います。

横田　勇猛心も失われつつある言葉ですが。

塩沼　そうですね、宗教も結局はその時代の人が担うものですから、社会的影響は受けてしまいます。ですから現代においてそれをどうするかというのは、一言で言いきれないし、とても複雑になってきましたね。

横田　勇猛心、勇猛果敢なのは大事ですが、それがどうかすると、周りや自分を傷つけたり、暴力的になってしまったりすることもあります。そこは避けなければなりません。修行道場における暴力という問題がありました。これも時代の影響が大きいのでしょうが、私などは、やはり本来、仏教の教えはどうだったのかを鑑みて、検証し、正していくように努力しています。勇猛果敢さが、排他的、攻撃的にならないように、向上心につながるようにする方向づけでしょうか。

塩沼　方向性と、常に客観的に俯瞰して、自分を見ることが大事だと思います。だんだん悟ってくると、小さな悟りの積み重ねをしていくと、確かに狭く法にとらわれてしまい、それで人をバッサバッサと切ってしまう危険性がありますね。ですから、自分のものさしで人を見ない、法にとらわれて狭い世界に行かない、その危険性を自戒していかなくてはいけないと思います。ですので、釈尊がアーナンダに説いた「自灯明《じとうみょう》、法灯明《ほうとうみょう》」――自己とダルマ（法）を拠りどころとして、我々も生涯、自重しながら俯瞰して身を調えていかなければなりませんね。

横田　そうですね。客観性というか、自分を俯瞰してみることが必要ですね。自分を見つめる。教えていくことは、そういう客観的なまなこを常に持っていなさい、ということかもしれません。熱意とともに、冷静なまなこを持って、自分自身を客観的に見る。その両方を備えさせるように導いていく、自らを方向づけるということでしょう。

❖——リスペクトする

横田　今の若い人は、ただ年配であるとか、社会的地位があるということでは尊敬しない。その人の実力や人間性を見るまなこが優れているという話がありました。

それは確かに優れた能力だと思うのですが、しかし我々でも、師匠に長年仕えていると、その全部が全部いいとは決して言えないですよね。でも、それはそれで、敬意を持つことで、こちらの心が豊かに成長していく、ということはないですか。それは、立派であるから尊敬するわけでは必ずしもないけれど、尊敬していれば、こちらがおのずと変わっていくのだということです。

そういうことを教えるのも大事ではないでしょうか。尊敬するものを持たない者は、人間として退化していく。必ずしも尊敬に値しない面があったとしても、それでも尊敬していく。私はそんなことが大事だと感じるようになってきたのです。

塩沼　まさにその通りだと思います。相手に対する敬意はものすごく大事だと思うのです。日本では今、それをあまり教えていないような気がしますね。

慈眼寺本堂

横田　内容のない者には敬意を表する必要はない、ということが多いのではないでしょうか。一般的に学校の先生が尊敬されていないのではないでしょうか。けれど、尊敬する心を持つということが、自分を成長させていくものだということは、教えられないでしょうか。

塩沼　ええ、教えられると思いますが、ただ日本ではその教育システムがないと思います。アメリカのボストンなどでは、わりとそういう教育がしっかりしていて、ボストンが住みやすいという人が多いのですが、知り合いが仕事の関係で急にボストンへ引っ越すことになったのです。それが夏休み期間中で、子供二人の転入届をボストンの学校へ出しに行って、夏休み期間中にやることはあるかと聞いたら、宿題は何もないと。ただ、一つだけ、「お子さんに教えておいて欲しいのは、リスペクトです」と。そんなの簡単よ、と思って家に帰って子どもと向き合ったとたんに、「あれ、何を教えればいいいんだろう」と分からなくなってしまったらしくて、もう一度学校へ行って先生に聞いたそうなんです。

そうしたら、「この国には、いろんな人種がいる。その中で生活するので、どんな人や文化にも敬意を持って接しなくてはいけない、ということを教えなくてはいけないんです」と言われたそうです。学校が始まり、お母さんが授業参観へ行った時に、気づくものがあったそうです。授業参観の前の日、小学校低学年の子供に、自慢できるものを持ってきなさい、と。一人の子供は、祖父母に買ってもらった可愛い人形とかを持ってくる、それを題材にプレゼンさせるそうです。そのプレゼンを聞いて、周りの子供たちは「いいね！」と。「イエーイ！」と言いながら生徒たちが喜び合っている。

では、実際に何を教えているかというと、他人の喜びを自分の喜びとするということ。どんな人にもリスペクトする。そういう教育なのだそうです。日本から行った子供たちは、そこでどんどん変わっていって、三ヶ月もすると友達を褒めるようになり、半年もすると「お母さん、お友達が試験でいい点数をとったのよ。すごいね！」と他人の喜びを自分の喜びとするようになったそうです。

横田　そういうのと比べると日本の社会は、「実は大したことない、表はこうだけれど、裏はこうだ」と言って、尊敬する心をなくすようにしている傾向があると思います。それはマスコミであろうと何であろうと、そうですね。学校の先生だけではないけれど、よくないから尊敬されなくなったのか、尊敬されなくなったから悪くなったのか。やはり、尊敬されているから、襟を正していくというのがある。お坊さんの世界も同じでしょう。かつてはお坊さんというだけで尊敬されていました。そうすると、「ちゃんとしなきゃ」という気持ちになりますね。

しかし今の時代は、「あんなものは大したことない」と、こき下ろすことが多いように思います。そうすると、よくなるものもよくならないのかな、という気がしますね。尊敬する気持ちを養うというのは難しいけれど、そういう心を互いに養っていかなくてはいけないですね。

塩沼　そう思いますね。わりと日本人はそういう雰囲気ではないですね。ねたみそねみの気持ちが多い傾向にあるのか、世界的にみてもジャパニーズタウンというのがほとんどないですね。海外で移住者に聞いてみると、周りで誰かが成功すると足の引っ張り合いになるそうです。そういう陰湿な部分は改めていかないといけないところですね。どうしても昔から組織化されて大きくなると、人間の醜い欲の部分が浮き彫りになってきます。

会社でもお寺でも、ご飯が食べれて追い込まれてないと、暇になって余計なことを考えるんでしょうね。「貧乏暇なし」という言葉がありますが、うちは幸い貧乏だったので、それが良かったのかなと思います。あるもので満足する。そんな家庭でした。老師さんはどうでしたか。

横田　実家が鉄工所だった話はしましたが、鍛冶職人でたたき上げの父親が、鍛冶屋ではだめだと鉄工所を起こして、ちょうど高度成長の波に乗ったのですね。おかげで兄弟四人、みんな大学まで出してもらえて、恩恵を受けてありがたかったと思います。

塩沼　小さい頃の記憶で、母に抱っこされていて、自分の視線の先に私と同じようにお母さんに抱っこされている子どもが、美味しそうなお菓子をもらって食べていたんです。おそらく子ども心に「いいなあ」と思っていたんだと思います。すると母が、私の耳元で「人のは見ないの」って優しく諭すんです。その言葉と光景が今でも記憶に残っているんです。それが二歳の時ですよ。

横田　お母さん自身も、周りを羨ましく思うような気持ちはなかったのでしょうね。日々、豊かにそれで足りていたという感じですか。

塩沼　ええ。ないものはないし、人のものを欲しがるな、足ることを知りなさい、という教えです。人間はゼロ歳から三歳までの教育で人格がほぼ決まってしまう、と言われていますので大切ですよね。

ね。

❖――ユーモアと品格

横田　一口に、自由とユーモアといいますけれど、人生において、ユーモアは大事ですよね。

塩沼　とても大事だと思います。

横田　私も法話はユーモアから入ります。笑いが邪道だということが、我々の世界にはあるのですよ。笑いでウケを狙うのは邪道だと。でも難しい話を、難しい顔して、辛抱して聞いても、それは何も入りません。まず楽しいなと笑っているうちに、一言でも二言でも何かが残ってくれれば十分と思って話しているのです。ありがたいことに、それが人気になって、毎月のお寺の「日曜説教」に、多くの方が来てくださる。毎月第二日曜日だけですが、やはり笑いは大事だと思いますね。阿闍梨さんの言葉でよく引用させていただくのは、「明日どんなに辛く苦しくても、心静かに笑っていたい」。

塩沼　私はいつも笑ってますね。千日行者とか阿闍梨とかいうと厳しいイメージがあるようなんですが、楽しい話とか笑い話やジョークが大好きで、駄洒落まで言うこともあります。皆さんのイメージとは全く逆で、私のまわりはいつも笑いに包まれているんです。
でも、日本は今、笑みが少ないですね、発展途上の地域などでは医療やインフラも充分ではなく、この世に生を受けても病気などで命を落としてしまう子どもたちがたくさんいるというのに、そういう国に支援に行った人が気づくことは、みんなに笑みがあるということです。お金もないし、ご飯もたくさん食べれないというのに、自殺率は何パーセントだと思いますか。ゼロなのですよ。
笑いは、人と人の心を繋ぐ潤滑油です。まずは身近なところ、「半径五メートルに笑顔を」と願っています。広くは世界の平和も大事ですが、まずは身近なところからの平和です。その点と点が線でつながれば、世界平和につながるでしょう。よく、目くじら立てて理論武装して世界平和を語っているのを見ると、もったいないないと思うんです。

横田　平和運動は戦争の始まりとも言いますからね。

塩沼　そう言われます。不幸なことです。

横田　日本人は条件が整わないと、笑みが生まれないと思っていますが、微笑みというのは無条件に出るんですよね。

塩沼　ええ。でもただ一つだけ条件があるんです。それは、相手がいること。

横田　ああ、そうですね（笑）。

塩沼　そこが小さな平和の始まりです。他者が必要。お互いに笑って喧嘩をしている人はいませんから。そこが一番ですね。そういう笑みは人間の自由とつながっていきます。

横田　何か人間の本来性が発揮されていくのではないかと思います。私が嬉しかったなと思うのは、最近よく寺に出入りしている人がいるんです。仕事を辞めて、ごろごろしていまして坐禅や法話会に来ていました。しばらくそばに置いていろんな話をしていたのですが、誰かがその人に「管長の側にいて、何を学んだんだ」と聞いたら、「あんなに人生において笑ったことはない」と言ったそうです。私がばかなことばかり言っていますからね。その話を聞いて「それはいいことだな」と思ったのです。逆に言えば、それくらい笑わない暮らしをしていたのかなと。

塩沼　これからは笑いのある人生になるといいですね。

横田　今はまだいろいろ考えているようですが、もうそろそろ一歩踏み出してゆく頃でしょう。

塩沼　まあ世間で生きていくということは楽しいことばかりではないし、笑いたくなくても笑っていなければならない時もありますが、だから大人になるんでしょうね。

とにかく私たちお坊さんは、まわりの人が喜ぶことをしたり、喜ぶことを言ってあげるのが基本です。全国の寺院の総数が七万数千カ寺ありますから、より多くのお坊さんが地域の人たちから親しまれるようになると、私たちの国がもっと良くなりますね。

横田　一般の在家の方は見ていますね。かれらは感じるんですよ、あの人は違うと。坊さんの中には、世間の評価はたいしたことがないんだ、という方たちがいまだに根強くあります。けれど私の尊敬する老師は、「世間の目を軽んじてはいけない」と申していました。世間の目は、必ずいいところを見ている。それに対して我々は謙虚でなければならないと。私はそれが大事だと思っています。ついつい自分は修行をしたから、世間の評価なんてたいしたことないんだと、上の目線を持ってしまう。違うのですね。

塩沼　お坊さんは神でも仏でもないと私は思っております。それより、一般の皆さまより一段へりくだってお仕えさせていただくものと、若い頃から思っておりますし、この基本だけは生涯、徹頭徹尾、貫くつもりです。

なぜかというと、謙虚で素直でなければ、天地の理法との結び目が切れてしまい、皆さまのお力にかなうようなお坊さんでなくなりますし、皆さんから嫌われてしまいます。

横田　宗教家の我々に欠落しているのはそこだと思います。むしろ、こちらの方が頭を下げて、見ていただくという姿勢を持った方がいいと思います。

塩沼　私たちは人生生涯、小僧ですし、人生生涯、下積みと思って、今日という日常の行に邁進しなければいけないです。慢心した瞬間に、品格を失ってしまいますからね。

そこは、私たちが一般の方から一番評価されるところです。座っている姿、立っている姿、食事をしている姿、どこからともなく漂ってくる気品というのは簡単に身に付きませんし、ここを直すといいというような簡単なものではない。環境の中で身についた自然な動作や雰囲気が作り出すものですので、生涯かけて極め続けていかなくてはいけないと思っています。師匠が弟子に教えるものなど何もありませんが、一緒に生活をしてそこを学びとってもらうしかないですよね。

横田　言語化できないところですね。そこは先ほどおっしゃった、一人を慎むとか、日常のあり方のすべてがそこに出るわけでしょうからね。ある時、講演を終わった後に、コップの水をいつものように手を合わせて飲んだんです。そうしたら、コップの水を飲む姿に感動したと。私はその前に九十分喋っているんだから、その話に感動してほしいと思いましたけれど（笑）、一般の方はそういうところを見ているんだな、と思いましたね。

塩沼　隠しきれるものなど何もないです。聞かれたら嫌だなと思うことも、聞かれたら正

慈眼寺遠景

直にお話する。失敗談なども、皆さまのためになることであれば、正直にお伝えする。隠そうとするからストレスが溜まります。等身大で自然体が一番ですね。講演でお話させていただく時も、お話の内容とその場から醸し出される雰囲気から感じられるものが一体となって伝わるのでしょうね。

横田　そうですね。九十分の話よりも、手を合わせて水を飲むという一つの所作を見てるわけですから。なにか受け取るものがあったのでしょうね。阿闍梨さんで言えば、護摩の姿でしょう。

塩沼　ええ、作法は一緒でも毎回違います。もちろん参拝者は護摩は焚けませんが、しかし今回の護摩はどうだったかという感想は、私とピッタリ一致します。

❖——豊かさと無一物

横田　阿闍梨さんはよく海外へ行かれますが、中国へは行かれますか。

塩沼　まだないんです。

横田　私は、外国はほとんど行かないのですが、中国だけは二回ほど行きました。いま中国のお寺はとても立派で、お坊さんになる人たちが何百人と増えているんですね。そのためにお寺の方には巨額のお金が投資されているんです。

私たちが思い描いていた中国とは違うのですが、いろんな人に聞いてみると、中国の経済発展で、お金持ちが急に巨万の富を得るようになって不安なのだと。だから、すがるような気持ちで、お寺のようなところへ寄進する。寄付が競争になっていく、そんな現象が起きているようです。だから人間の不安というのは、財産では解消されない。かえって不安が募るのだと言っていました。

私がお会いした人は、日本へ来るときにも自分でジェット機をチャーターするような人ですが、「あらゆるものを手にしたけれど、どうしたらいいかわからなかった」と言うんですよ。鍵山秀三郎《かぎやまひでさぶろう》という人の教えにたどり着き、自分は今、一生懸命トイレ掃除をしているのだと言っていました。中国でこれからやりたいことは、その教えを広げることで、トイレ掃除の運動をこれからやるのだと。

塩沼　素晴らしいですね。日本にもそういう方はいらっしゃると思いますが、海外には多いようですね。

横田　中国の人のように巨万の富を手にすると、どうしたらいいのかわからないということになる。そう感じましたね。その方は、お供も連れずに一人で来ました。本当にみすぼらしい格好をして、靴下に穴が空いていても平気なおじさんでしたが、周りの人に聞いたら、すごいんですよと。トイレ掃除の哲学のおかげか、本当にただのおじさんになっていました。

一方で、本当にないない尽くしの方もいる。けれど、何者でもない自分を感じることができるというのは、すごいことではないですか。何者でもない自己の尊さというのは、禅の本領でもあります。むしろ飾りは本当に、衣装のようなもので、パッと着て捨てるようなものだと根底で思っていたほうが、人生を失敗しようがないのではないでしょうか。

阿闍梨さんの尊いところは、常に何者でもない一人の自分に立ち返っていらっしゃるところだと思います。お坊さんにかぎらず、たいがい一つの立場や威厳を、常に持っていたいという人が多いのではないですか。阿闍梨さんのような方は極めて少ないと思いますが。

塩沼　そう言われれば、変わっているかもしれませんね（笑）。でも自分では普通が一番いいと思っていますし、何も考えず生きているんです。ただ若いお坊さんから「どうやったら塩沼さんのようになれますか」という質問が多いのですが、「わかんない」と答えます。

一つだけ私なりの生き方を、かれらに教えるとすると、「頭で何も考えず、目の前のことを、血尿が出るくらい精一杯生きているね」と言います。前にも言ったことですが、修行して血尿を流し、お寺を建立したこともなかったし、住職にも師匠にもなったことがなかったから、血尿を流して食らいついてきました。講演もやったことがなかったし、本も書いたことなかったから、血尿を流し、血便まで出ました。でも世界中に微笑みを、という夢がありますし、いったん食らいついたら離さないだけなんですね。

でも、いまだに侍者《じしゃ》はつけないし、出張や海外を飛び回る時も、いつも一人で飛行機に乗って、レンタカーを運転して会場まで行きます。それもジャージとスニーカーでキャリーバッグを引っ張って（笑）、ひどいでしょう。こんな性格ですので、否定するわけではないですが、重そうな衣装つけて形から入ったり、「私が住職です」という感じの方がいらっしゃると、疲れないかなあと心配してしまうんです。

横田　そういうのが閉塞感を生み出すのではないかと思います。やがていつかはげ落ちるのでしょう。死の苦痛というのは、そこにあるのではないでしょうか。かぶっていたものが抜け落ちてしまうという。最初から素っ裸でいれば、動物みたいに死ねるのではないかと私は思うのですけれど。

威厳を持ってやってきた人が、介護施設などに行けば、ただの人間としか扱われませんから、苦痛でしょうね。その点、私の師匠の小池心叟老師の最期はご立派でした。

師匠は、終末期の病棟に入ったのですが、看護師さんは、禅の老師さんだなんてわからないじゃないですか。「小池さん、小池さん！」と呼ばれると、「はい、はい」と、ちゃんと言うことを聞いてやっていました。その姿がまた尊いなと思いました。禅僧というのは、常にこういうところをゼロにして生きていけるのだなという姿を見まして、私は感動しました。

塩沼　私の師匠もかっこよかったですよ。最期は酸素吸入器などを全部自宅に持ちかえり、「余命二、三年の治療はいらない、三ヶ月の治療をしてくれ、と医者に言って帰ってきた」と。師匠の自宅へ行った時に、「今日もな、朝から酒飲んで、楽しんどったんや」と言って。朝からビールを飲んで、「酒肉を絶たずして涅槃を得る、これや」って（笑）。

横田　酒肉を絶たずして涅槃を得るですか。

塩沼　自分の寿命を悟られて、最後の三ヶ月は「酒を飲んで楽しむんや」と。最期、昏睡状態になってきた時に、介護の人が一日一回、下着を変えるそうなのですが、近づいて行くと、「まだ焼くなよ」と言ったそうです（笑）。その翌日に亡くなられました。

その数年前に、神戸の病院に入院された時、お見舞いに行ったんです。髭がぼうぼうで、点滴をしていたのですが、元気がなさそうだったんです。何を言ったらいいかと思って出た言葉が、「まだ行きそうにないですね」。そうしたら師匠が「君もなかなか言うな」と。「大丈夫ですよ、自分ももうすぐそうなりますから」と言ったら、ニコッと笑って、「そやな、君もいまになるで」と。その時は、それからぐんぐん元気になりました。私の一言が勇気になったと。

❖――病を生きる

塩沼　誰でも生老病死から逃れることはできませんが、私も若い頃は病気の経験がありませんでした。若ければどんな荒行といわれるものでも、膝や腰の痛み、怪我は気力と体力でカバーしてきました。人生百年時代と言われますが、五十一歳になったので人生初の健康診断をしてみようということで検査をしたところ、とんでもない結果が出たんです。

脳のMRIを撮ったところ、左側頭葉の半分以上が壊死して、なかったんです。厳しい修行中になくなったのか、先天的なものなのか分かりませんが、おそらく先天性のものではないかというのが現時点での診断です。

それと脳の毛細血管がほぼなくなっていました。恐らくこれは四無行《しむぎょう》——九日間の飲まず食べず寝ず横にならずの修行の時に、血液がどろどろになって血管を詰まらせたのではないかということのようです。普通はこのような状態だったら、論理的思考や記憶に障害があり、日常生活は無理と言われました。

横田　左側頭葉ですか。その話をうかがって思うのは、左脳は物を分別して言語化することを司るところですから、そのことが、阿闍梨さんの分け隔てないご人格に多少関わっているのかと、勝手に想像したのですが。なかなか人間はそこまでいきませんから。

人間の脳というのは、わからないところがまだたくさんあるといいます。欠けてしまったところを自然と上手に、周りの機能が補っているのでしょうね。医学的に説明はできないというのでしょうが、計り知れない精妙な働きで、バランスを取っているということでしょうね。

塩沼　それと、血液に大きな問題があって、血小板の数値が成人男性なら最低一三ないといけないのに三しかなく、白血球も赤血球の数値もかなり低く、これでは歩くことや日常の生活もできないはずだと。でも血中酸素濃度は一〇〇近い。お医者さんが首をかしげていました。人間の体はどんどん進化するのかと思います（笑）。

横田　膝の半月板も割れていたのでしたか？

塩沼　そうです。それと左足の靭帯を切った痕跡があると言われました。

横田　おそらく行中のことなのでしょう。普通、靭帯を切ったら歩けないと思いますが、歩いたわけですね、四十八キロを。動物でもそういう時はじっとしているのでしょうけれど。

塩沼　ええ、修行はやめるわけにいかないので。たぶん、選択肢がないと、体が自然と治らなくてはいけないとなるのと、神仏のご加護があったのだと思います。

横田　それで治ったのですね。

塩沼　あの時に損傷したのかな、というのは覚えています。一歩一歩が激痛で歩けないんです。前にもお話しましたが、悪くなり始めると、四十五日間、最悪になるんです。そこから四十五日で戻ってきて、九十日で自然に治る。毎回そうだったんです。だから、退路を断つというのは大事かなと思います。修行も腹をくくって修行道場に入るからいいのかな、と思います。

横田　でも阿闍梨さんのような方は、そうそういないでしょうね。左側頭葉の壊死、阿闍梨さんご自身はそれをどのように受け止めたのですか。

塩沼　二〇一九年三月三十日の長崎の講演の後でした。翌日、熊本講演に向かうため、自分で車を運転しちょうど佐賀に着いた時に、東京の病院から緊急連絡が入り、病状を説明され、絶対に安静にしてくださいと言われ、電話を切りました。三十秒だけどうしようかと思いました。それはまだ親が生きているし、親より先にあの世に行くのは親不孝かなと。しかし、「しょうがないか！」と切り替わり、現実を受け入れて楽しもうと、自分の気持ちは一ミリもマイナスの方向へ行かなかったんです。逆にラッキーと思いました。

横田　何がラッキーだと思ったんですか。

塩沼　生きるか死ぬかの日々、瀬戸際の修行で数えきれないほどの壮絶な怪我は経験しましたが、病気を経験したことがなかったんです。それが私にとっては弱点でした。

横田　ずっと元気印で来たからですか。

塩沼　ええ、病で大変な思いをしている人を前にした時に、なにか申し訳ないな、自分は病気の辛さを体験したことがないので、同じ目線で寄り添えないな、と思っていたんです。でも、これからは自分もおなじ境遇を体験することができるので、向き合った人に力のある言葉や励ましを与えることができるなと思いました。

横田　そこで落ち込まないと、落ち込んだ人の気持ちはわからないのではないですか。

塩沼　いいえ、はじめの三十秒は深い深い地の底に落ちて、そこから数秒で超ポジティブになりましたので、その時の落ち込みは尋常ではなかったことを今でも忘れることはないです。しかし、人生かなり下積みを積んでいますから、ころんだ時には、すぐに両手に何かをつかんでいます。人生は日々気づきという宝の山に入るようなものです。思いもよらぬアクシデントひとつも自分の成長につなげなければ、もったいないです。

横田　昔、そうして積み重ねてきたから、今はこんな病でもプラスに転じることができるんだということが、なお一層、自信になっているのですね。

塩沼　その方が受け入れている苦しみを、自分も体験しないとわからないですよね。そこから治療しましょうということになり、毎週二〜三時間で四本の点滴です。

横田　阿闍梨さんも点滴の間はおとなしくしているんですか。

塩沼　私に天敵はないんです（笑）。じっとしているわけがないですよね。看護師さんやお医者さんを捕まえて、ずーっとマシンガントークです。私の話が面白いのか、入れ替わり立ち替わり来るんですよ。

横田　点滴も楽しんでますね。

塩沼　楽しいです。お医者さんも首をかしげるんです。「なんでこんなに元気なのだろう?」って。血液がこんな状態だと免疫力がないので、普通ならば総合病院の無菌ルームにいないと危険なレベルなんだそうです。でも、塩沼さんは東京やニューヨークを行き来しながら飛びまわっているのに、風邪ひとつひかない、と。

横田　寺にいれば、畑や庭仕事して切り傷を作ることはあるのではないですか。

塩沼　それが血が止まるんです。化膿もしないし。大都会の空気を吸っても病気にならない。進化したんじゃないか、とお医者さんは言ってます(笑)。

横田　人間の可能性ですか。

塩沼　ええ、ですのでお医者さんにある日言ったんです。九月三十日ですべての治療をやめます。検査には来ますが、自分の治癒力で治しますと。もし、自分がこの世に必要ならば生かされるし、そうでなければあの世にかえるだけのこと。ある意味、捨て身です。追いこまれて腹をくくれば、執着など何の問題でもなくなる。修行して修行しても執われからはなれられなくてと、迷いの世界をふらふらしていた時代がなまぬるく思います。日々淡々と人生を楽しんでいます。

❖―――死と安心立命

塩沼　若ければ死を意識することもあまりないだろうと思いますが、今、世の中では終末期をどう迎えるかとか、いろんなところで議論されているようですが、死ぬ時は死んだらいいと思っているので。生きられるだけ生きて、死ぬ時は死ねばいいと思っています。
　自分のお葬式もどうでもいいと思っているんです。普通、大阿闍梨なんて称号をもらうと、その人だけのお墓を作る感じになりますが、私の葬式の次第はもう決めているんです。シェフを呼んで、集まった人に美味しいものを食べてもらい、きれいな色の花を飾って明るい音楽をかけて楽しくしてもらいます。あとはきれいな海に散骨してもらい、自然に還るだけです。お墓も要らないです。立派な戒名をもらおうが、大きな墓をつくってもらっても、何百年も何千年も、そこにあるわけでないでしょう。すべては自然に還り、移ろいゆくものですから。
横田　なんとも禅的ですね。
塩沼　いつも明るく、そのように親と話しているんです。私の親もガンで腹水が溜まっていますが、一切病院へ行かない。親の考えを尊重しています。葬儀も、みんなしめやかでなく、柄物の服を着て集まってもらって、賑やかに。私と一緒でいいね、と言っているんです。種田山頭火のトンボの話と一緒で、「飛べるうちに飛ぶ、やがて飛べなくなるから」と。でも、何かみんな考えているんですよね。

横田　私も、なぜそんなに考えているのかと思っていました。先日も、病院へ話をしにきてくれと言われて行ってきました。患者が高齢者の場合、終末期の意思表示をしてくれれば医者が希望に添って対応できるが、何も言ってくれない場合は、医療者である自分たちが途中で治療をやめるのは問題になるので、やらねばならないと。「ここまでやることに意味があるのか」と思いながらも、家族や本人の意思表示がない限りは、延命しなくてはいけない。ある程度のところで、自分はこんな死を迎えたい、治療はこれ以上いらないということを、あらかじめ考えてもらわないと、医療側はどこまでやっていいのか、ここまでやるのは苦痛を与えるだけではないか、というジレンマを抱えているようです。だから元気なうちに、最期を考えてほしい、と病院側の人が言うのです。それで我々お坊さんが呼ばれて、死について話してくれということだったのです。

五條管長や阿闍梨さんのお母さまのようなケースは極めて稀でしょう。知人の話ですが、九十代のおじいさんの在宅介護をしていて、お医者さんが「最期をどうするか考えてください」と言ったら、娘たちが大変に怒った、「なんてことを言うのか」と。医者は決して悪意で言っているのではないのです。どんな最期を自宅で迎えたいのか、病院のベッドで延命装置を付けるのか、どうするのか、それを考えてくださいという意味で言ったのだと思うのですが、死のことを言われただけで、娘さんたちは怒ったのです。

それで、あらかじめ死について考えておく必要があるという話を聞いたのです。死を話題にすることすら抵抗がある、というのもあるらしいです。

私らの坐禅は、残念ながら畳の上の水練たることを免れないのですが、それでも死とはどういうものかを考え見つめます。ある禅僧が死とはどういうものですかと聞かれて、昭和の時代の人でしたが、「そんなのは、小便に行くようなものだ」と言ったのですね。私は高校生の頃にそれを聞いて、非常に感銘を受けたのです。

死は日常だということでしょう。そのために覚悟することも、準備も何も必要はない。小便するときになったら、パッと手洗いへ行く。それだけのことだという気持ちで言ったのでしょう。聞き手の方が、「へえ、そうですか」と驚いていました。テレビでしたが、見ていて、すごいものだな、と。阿闍梨さんが言われたのも、似たような感覚ではないですか。
塩沼　本当にそう思いますね。
横田　井上義衍《いのうえぎえん》老師という方でした。いいなと思うのですけれど、今の時代、小便というのは品がないから、私は「風呂に行くようなもんだ」と言うほうがいいかなと（笑）。「ひとっ風呂、浴びてくるよ」と、それが死だと。
塩沼　あっという間に死は来ますので。何十億年という地球の歴史から見たら、何十年の人生なんて、フラッシュの点滅にもならないかもしれない。いつも明るく楽しく、とらわれずに生きないと時間がもったいないのです。
横田　そういうことでしょうね。
塩沼　あれこれ考えることもなく、楽しく人生を暴走したいですね（笑）。楽しい時だけが楽しいのではなく、全て楽しむ心ですね。
横田　楽しむということがないと続きませんね。
塩沼　ええ。私は神仏にとても愛されているのだと思います。一つの試練を乗り越えると、またすぐに次の試練を与えてくださいます。でも一般の方たちは私がいつも楽しそうに笑っているので、「悩みがなくていいですね」と言う人もいるのですが、これはしかたがないですね。本当に人生を楽しんでますから（笑）。

だって人生なんて、辛いことも苦しいこともめんどくさいこともあるもんだと腹をくくれば、たいしたことはない。目の前のハードルを乗り越えないと、次のステップに上がらない。遠くてしんどい道しかない。それを楽しまないといけない、ということなんでしょう。苦と思えば苦、楽と思えば楽。人生、心次第だと思います。

横田　そういう思いで世界中を回って歩いておられますか。

塩沼　ええ。抱えているものや背負っているものを、苦に思わない、楽しい。何かリスクを背負わないと前に進めないですよね。それがたまらなく楽しいし、一瞬の判断や決断で状況が好転したりする。このスリルがなんとも言えないでしょう。

そうやって自分を磨くしかないですからね。でも、失敗するのが嫌で、「こういう時は、どうやったらいいですかー」と聞いてくる人もいます。「知らんがな」と言うしかない。失敗して痛い思いをして、涙を流してマスターしていくしかないし、それが一番の近道です。

横田　それはやはり怖いのでしょうね。

塩沼　すべてはケース・バイ・ケースです。サイコロも振ってみないとわからないし、次に何が出るか分からない、出たとこ勝負、「出たら目」です（笑）。修行道場でお行儀よく清貧を守って、人生のマニュアル的なありがたい教えを頭に詰め込んだとしても、世間に放り出された瞬間から、「あんた誰？」「何ができるの？」と、世間の人は求めてこられるし、それにお応えできなければ、誰も寄ってこないし、坊さんもおしまいです。私のように、檀家さんもいないし、お葬式もしないし、おまけに田舎のお寺ですし、修行僧もいるとなると、いつご飯が食べていけなくなるか分からない。いつも追い込まれてますからね（笑）。そうやって、あっという間に年老いて土に還っていくのでしょうね。

横田　阿闍梨さんは、ずっと駆け抜けていくのでしょうね。けれど、残されたものの悲しみはありますね。死は残されたものが悲しむだけであって、死そのものは悲しみでもなんでもないと言われた方がいます。

塩沼　でも、何十年も悲しむ人はいませんね。

横田　そうですか。

塩沼　人間の脳は忘れるようになっているらしいです。私の知人で旦那さんがお亡くなりになられて、「私はお父さんなしには生きていけない」とワンワン泣いていた方が、二年もたたないうちに再婚していました。

横田　ああ、人間というものは、ちゃんと生きる力を持っているんでしょうね。

塩沼　だから、死はお風呂へ行くようなものだと言われると、それが安心立命につながるのかなと。

横田　阿闍梨さんを見ていると、瞬間瞬間が安心立命ですね。心から楽しんでいらっしゃるから。それが一番の安心立命ではないでしょうか。

第四章
生きる力・死ぬ力
――仏教の未来

❖――護摩について

横田　阿闍梨さんは護摩修法をされますから、現世利益《げんぜりやく》を求めていろんな方が来られると思いますが、どう受け止めておられるのですか。

塩沼　そうですね。仏さまにお願いして、自分のすべての願いを叶えてほしいといって、叶わなかったら、「あらっ」っていうのは、心からの信仰とは違うかなと。ご祈祷をお願いして、護摩に来たら願いが叶ったという人がありますが、護摩の功徳プラス、その人の心構えやポジティブになった思考や祈りが、運勢を良い方に向けたのですね。お供えをしたからいいというような、ご利益的な感じではないと思うんですね。

山奥のお寺に足を運んで、夏は暑く冬は極寒のなかで護摩に参加して、炎や煙のなか真剣に一心不乱に護摩を修法している行者の姿を見て、「私もがんばってみよう」と、心がいい方向にむけば、心に願っていることも、そこに向かっていく。ただそれだけのことです。これが心からの信仰だと思います。信じるものと信じていてくれるものが相応一致することで、成就するのです。

横田　そうなのでしょうね。それはやはり、祈りということに通じるのではないかと思います。先ほど、私も護摩修法に参加させていただきましたが、本当にたくさんの方が来られて、阿闍梨さんはたくさんのお願い事にどう対処するのかと拝見しておりました。お願い事の書かれた護摩木を次々と焚き上げていらっしゃるのを見ていて、これは、個別の願い事がどうこうではなく、個別の願いを仏さまの願いと一つにしておられるのだな、と思っていました。

塩沼　その通りです。

横田　ああ、これでいいのだと思って見ていると、勝手な解釈ですが、だんだん自分の心と仏の心とが、ぴたっと一つになるような気がいたしまして。一時は、般若心経を読むのも忘れて、一体感というのでしょうか。個別の願いというのではなくして、それらを一度、阿闍梨さんが全て受け止めて、仏さまの心に一体化させているのが護摩ではないのかと思って見ていたのです。

塩沼　そう思って修法しています。仏さまの広大な慈悲の心と、一心に祈る衆生の信心と、護摩の火が一つになった時に通ずる不可思議な世界ですね。護摩修法は、釈尊が入滅されてやがて大乗仏教になってから取り入れられたもので、それが中国に伝わり、空海さんや最澄さんによって日本に伝わったという法脈です。護摩は密教ですが、紀元前から火は神の象徴として崇拝され、不浄なものを清浄にするとか、闇を照らし光ある世界へ導いてくれるものとされてきました。

ですので、参拝者のなかに、「どうしたらいいでしょうか」とか悩み事を相談する人はほとんどいないのです。「護摩に参加して元気になったから、また頑張ります」という、そんな感じでスッと帰っていかれるのは、そういうことだと思うのです。

横田　元気になっていくのでしょうね。その点では、護摩の火には特別な力があるのでしょうね。

塩沼　そうですね。キャンプ・ファイヤーなどで火を囲んで一体となることもありますね。古代ギリシャ人にとっても神聖なものだったのでしょう。ですから、オリンピックが開催される時もオリンピアで火が灯され、開催期間中、競技場で灯され続けますね。

横田　火というのは本当に不思議だと思いましたね。都会の子供などとくにそうですが、燃えている火を直接見るのは心身の成長にとてもいいのだそうです。そういう体験が全然ないと、成長によくないというのを何かで読みました。人間の頭脳は発達していますが、基本的なあり方は原始の頃から変わっていないと私は思っています。やはり火を使うことで人間になったようなものでしょう。直に燃える火を見るというのは、マンション暮らしなどではないかもしれませんね。だからキャンプ・ファイヤーなども、情操教育につながっているのではないかと思ったりします。

護摩の火があることで、みんなの気持ちがそこに集中されていくのを目の当たりにしました。阿闍梨さんの姿と声と、一つの祈りになっていく。それが元気につながるのではないかと思って、拝見していました。最初は護摩木を一つずつ読み上げるのかと思っていたのですが。

塩沼　それもできますが、黙読して焚き上げています。

横田　あれだけの数がありますからね。量が少なければ一つ一つやるのでしょうが。

だから、疑問は解けました。たとえば合格祈願なんて、一人の願い事をかなえたら他の人が落ちてしまう、なんて愚かなことを考えていたのですが、そんな次元の話ではないのだとわかりました。

❖——禅とマインドフルネス

塩沼　禅についてうかがいたいのですが、マインドフルネスというのがありますね。

横田　アメリカ発のマインドフルネスというのは、元々は禅からきているけれど、宗教性を取り去って、心理的身体的な効用、効能というか、たとえばストレスを軽減して、心を病んだ人が元気になって仕事で働ける、あるいは社会生活を送ることができる、というのです。

それは悪いことではないと思いますが、禅にそんな効能を求めるのは邪道だという人もいます。でも、効くことは別にいいのではないかと私は思います。いい効果があるのだったら、何も悪いことはない。元気になる人がいれば、それはそれで問題ないのではないかというのですが、禅でそういう人は少ないようです。禅の本流を自負しているような人たちの中には、現世利益や効能を説くのは本物でないという方がいるのです、私は健康になるならいいと思っています。

塩沼　マインドフルネスは宗教色を取り払っているのですよね。

横田　宗教色を入れると、逆に学校や企業では取り入れにくいのでしょう。宗教は危ないとか思われて、そうなってしまったのではないですか。マインドフルネスで宗教性を排除したのはけしからんというけれど、こちらにも原因があるのではないですか、と私は思います。なぜ宗教というだけで避けられるのか。それはこちらにも原因がないとは言えないと思います。

塩沼　あとは、欧米の場合は宗教上の理由などから、禅の宗教性を脱色したマインドフルネスは、よき瞑想法として広まりやすいのかもしれませんね。

横田　そうなのでしょうね。だから、そこを入り口にして、もっと深く学んでみようという人があれば、こちらは門戸を開いておけば問題ないのではないかと思っています。私も学んでみましたが、いいものですよ、マインドフルネスというのは。なるほど即効性もありますね。

塩沼　やはり禅とは違うのですか。

横田　我々のやっている修行との大きな違いは、集中と気づきの違いということです。我々の禅の修行は集中させます。呼吸なら呼吸ひとつに。どういう現象が起きるかというと、周りの景色や情報を全部遮断してしまいます。何も見えない、聞こえない。それが無になっていくという修行です。それをやり続けて究極の集中になった時に、パッとすべてのものが、ありありと見えるようになる、というものです。だから大変長い時間がかかる。逆にマインドフルネスは気づきですから、集中はしない。あらゆることに気づいていく、そのことに集中するのでしょうね。見えること、聞こえること、ありのままの様子に気づくことを説いています。

塩沼　現実のありのままを受け入れるという点では一緒ですか。

横田　我々の修行は、外の世界を断ち切っていくのです。無になっていくというか、情報を遮断していく。何も聞こうとも、見ようともしない。そうして、ひたすら無を求めていく。そしてようやくゼロになった瞬間に、すべてのものが、ありありと見えるというのです。大変時間がかかる修行です。

でもマインドフルネスは、初めから現実を一つ一つ見つめていく、気づいていく。両方ともいわば仏教ですから、空、無我というのは同じでしょうが、禅は己れを殺せ、と説いています。何も見ようとするな、聞こうとするな、何も思わないようになれ。これをやらせていくのですが、マインドフルネスの面白いのは、たくさんのことに気づいていくと、判断ができなくなるというのです。

人間は一つのものを見れば、その一つのものの判断ができますが、人間の心はいくつものものに気づきを広げていくと、オーバーフローと言いますか、判断ができなくなるというのです。それは本当なのかと思って、私もやってみました。注意の分割と言っていましたが、注意を広げていくと、ある限界を超えたときに、認識作用が止まるんです。認識できなくなる。そうすると、ずっと集中していってフラットになる、無我になるのと、これは一つだと思いました。

両方やってみた感じでは、禅的に集中していくのは非常に力が入ります。それで我々は踏ん張って力を入れてやるのです。眠気と闘い、雑念と闘い、妄想と闘い、それを断ち切っていくのです。そこにエネルギーを使います。一方、マインドフルネスの、いろんなことに注意を分散するのには、それほど労力がいらない。それを継続してやっていけば、自我意識というのがパッと、パソコンのシャットダウンのようなもので消える。同じような状態になるな、というのはわかりました。

こちらの方が効率がいいんじゃないかなと思ってマインドフルネスの人に話したら、「そこまで行ける人は極めて稀で、管長は長い間、坐禅をしているからできるのだ。普通は注意が散漫になるだけで、そこまで深く到達できる人は少ない」と言われたことがあります。それは、方法の違いでしょうね。自分でやってみて、なるほどと思いました。

塩沼　興味があるので質問しますが、マインドフルネスで気づきを得て、禅と理論的には同じ境地に立ったとします。その時に、目に見えない人間的な魅力については、お坊さんと一般人が同じ体験をしたとして、どうなんでしょう、手を合わせたいと思わせるような魅力的な人が、マインドフルネスで一般の人からも出てくるでしょうか。

横田　私は出てくると思いますね。むしろ私は、現実のお坊さんに対してあまり肯定的ではありませんから。現状の禅の修行だけで行くと、攻撃的、排他的になり、自分のやっていることしか認めないというようなことが起こりえる。一方、マインドフルネスは最初からいろんなことに気づいていく。先ほど、自己を俯瞰するという話がありましたが、その点ではマインドフルネスの方が優れている一面があると思います。禅の修行だけでは陥りやすい落とし穴である、攻撃性、排他性、頑固さ、そういうところを補うには、むしろ大いに取り入れると、自分を俯瞰する目を持ちやすいと思います。

マインドフルネスのように注意を分割していくのは、俯瞰ですね。高いところから自己を含めた全体を見るまなこができると言っていました。これは非常にいいんですよね。一極集中ですと、この地点の立場でしか見えない、そこで自分が集中したものしか見えない。

これを上から見ると、自分も他人も全部見えますから、その点ではマインドフルネスを取り入れることは、私は非常に効果的だと思っています。

塩沼 私はお話をお聞きしていて、自分の修行方法、これは誰からも教わらないのですが、もしかすると、大自然のなかで歩くという、禅とマインドフルネスが合わさったような修行になっていたのかもしれません。

横田 阿闍梨さんのお話を聞いていると、非常に禅とマインドフルネス的なまなこの両方ができておられると感じます。マインドフルネスというカタカナ語になっているから、新しいもののように思われるかもしれませんが、いままでも結構、実践されてきたことだと思います。

塩沼 そうですね。意外と、東洋的な思想がアメリカやヨーロッパへ渡って変化しているというのは面白いですね。ダライ・ラマ法王がおっしゃっていたことですが、ヨーロッパなどでいろんな科学者などと対談をする時に、仏教は宗教だと話すと、そこから話が進まなくなることがある。そういう時は仏教は、人生をより良く生きるためのアイディアなのだというところから対話をしていくと、スムーズに会話が進むというのを聞いたことがあります。海外では、仏教は宗教ではないという考えを持っている人は少なからずいますね。

横田　宗教の定義というのが必要ですね。いわゆる欧米流の神との契約という考え方だと、仏教はリリジョン（religion, 再結合＝宗教）ではないでしょうから。

塩沼　神がこう言った、だからこうしなくてはならない、というのは仏教にはないですね。

横田　そうですね、ブッダも後には神格化されますが、元は人でしょう。「人として最高に生きた人」と、私などは訳します。自分の可能性を最大限に生かして最高に生きた人である。仏教は人としての尊さに目覚める教えだと、私などはいつも思っているのですが。

塩沼　どうしても開祖が亡くなった瞬間に、教えや言葉が生まれなくなりますからね。残された人は教団を維持し存続していかなければならないと思いますから、「うちの開祖はこう言った」「いやうちではこうだ」となって、やがていろいろな思惑を持つようになる人もいて、めんどくさくなってしまいますよね。若い頃に「道心《どうしん》のなかに衣食《えじき》あり」と叩き込まれましたが、ただその一点を極め続けることなのでしょうね。

❖——気づきと感謝とつながりと

横田　いま阿闍梨さんが回峰行を通して、禅やマインドフルネスをしていたかもしれないとおっしゃいましたが、もう少し具体的にお聞かせください。

塩沼　集中して心を動かさず一定の状態を保つということは当たり前です。そして、心・息・身を正して歩いていないと、しんどくなるんです。基本は姿勢ですね、姿勢が乱れていると連動して呼吸が乱れてきて、その流れで無の状態を保つことができなくなり、「今日はしんどいなあ」と気づきます。そう感じた時に、パッと足を止めてみると、百パーセント知らないうちに猫背になっています。そんな時は姿勢を整え、呼吸を整えると、すぐに禅定のような状態に入ります。

しかし、この禅定の状態で歩いていないと、険しい山道は危険です。ほとんど人も通らず、あまり手を加えてない山道では、すべりやすい岩場や木の根、それに石がごろごろしていて、歩きにくい道をけっこうなスピードで歩きますので、五メートルくらい先に視線をおいて、いつも足のつま先まで同時に見えていないと危険なのです。それに加えて、熊や猪や落石はいつ襲ってくるか分からないし、足先にマムシがいることもあります。そういう精神集中を一日十六時間かけながら、さらにたくさんの感謝を思い出したり、心から懺悔《さんげ》に涙しながら歩くのです。

横田　いくつものことに、同時に気づいているんですね。

塩沼　ええ、そのせいか今でも、視野は二七〇度くらいありますし、感覚的に感じとる力は増々冴えてきてます（笑）。ただ当時、山で考えていたのは、里においての日常の大切さの気づきでした。自分の心の迷いはなぜなのか、この葛藤はどうしてなのか。そうすると、「なぜ？　どうして？」と思った瞬間に第三者が登場し、悶々と現実を受け入れず頭のなかで抵抗している自分に気づく。突き詰めて深く思考すると、自分が原因かと涙を流し、心に湧く喜びと出会ったりもします。そんなことを千回も繰り返します。

横田　無常《むじょう》や空《くう》や縁起《えんぎ》というのは、言葉にすると難しいですけれど、お山の修行からすれば当たり前のことでしょう。同じ日はないし、一分一秒ごとに違っていく、移り変わる。我々の日常と違い、山の中ではとくに無常を感じますでしょう。縁起というのは、遠くで台風が起こっても感じるとおっしゃっていたように、修行は世界全体が関わっているというようなものですから、縁起なんていう言葉でなくても実際につながりあっていると感じていくのでしょう。ですから、言葉抜きで、実地で体感していくのでしょうね。

塩沼　大自然から肌感覚で教わります。山中で一番きれいな場所があります。晴れたらお天道さまが微笑んでくれて、木漏れ日が差して蝶々が飛んで、まさに天国のような場所がありますす。しかし、そこはいったん山が荒れると、もう手がつけられないほど怖い場所になって、命を取りにくるんです。まさに天国と地獄は同じ場所、そこで深い世界に入り考えると、ああそうか、天国も地獄も己の心がつくるものだと実感します。

横田　現代のこの満たされた生活というのは、だいたい似たような日々が続くし、個だけで生活が完結していると錯覚させられます。自分だけで生きられると錯覚しやすいのが、現代の生活なんでしょうね。天気のこともそれほど感じないですね。かつては明日の天気はどうかと思うと、空を見上げました。でも今は、空を見る人は少ないと思います。

塩沼　今は、テレビだけでなくスマホで見て、雨雲がどこまで来ているかまでわかりますからね。

横田　そうすると、自分の体感で、空の雰囲気が変わったとか、湿り気が来たとか、風向きが変わったなんていうことを感じる人は極めて少数でしょうね。そうすると縁起の世界からは、どんどんと遠ざかります。スマホも縁起の中にあるといえば、売る人もあり、作る人もあり、使う人もあり、と言えるのでしょうが、作られたものの中で、無常や縁起ではない世界を我々は求めているのでしょうね。それが、災害などの時に思い知らされる。無常であったのだと。自分たちは一人で生きているのではなかったのだ。地球の大きな自然の中で暮らしていたのだと。残念ながら、災害の時に一番気づくのでしょうね。

塩沼　追い込まれると心の奥底から痛感しますよね。でも人間は今よりも便利で豊かに暮らしたいという思いが強いし、大昔からそういう行動をしてきたのでしょう。それによって我々の生活や病気も変化してきました。狩りや猟で食べていた原始の時代には、病気というと主には怪我しかありませんでした。後に定住をして農耕が始まってから糖尿病などが出てきた。とくに大きく変わったのが、十八世紀半ばからの産業革命以降でしょうね。より便利さが加速することにより、我々が本来持っている能力が退化したり、豊かすぎて気ままわがままになってしまったということは否めないでしょう。

横田　自我を増長させていったのでしょうね。最近はペットの動物でも、糖尿病だ、高血圧だという。

塩沼　そうですね。一六〇〇年代までは、一つのコミュニティーのなかにある多様なものが特別視されず、総体としてまとまっていた傾向がありましたが、それがだんだんと多様化して多種にわたる考え方が出てくるようになりました。現代においては、多様性を尊重しながら寛容さをもって協調し共生していく方向にいけば理想なのですが、ややもすると、それぞれの自己主張が強くなり、自己を中心とする考えや行動が過ぎた場合、多くの分断が生じる可能性が出てきています。

いまこそ人類共通の、これからみんなが仲良く共存していくアイディア、軸みたいなものが必要だと思います。ただ多様性を認める時代だということではなく、もう一つ深いところで自我や利己主義的なものを捨て去った世界観のなかで、寛容を具現化したいと研究している最中なのです。現代において世界は七〇億の人口となり、それぞれが目的至上主義的になりやすい傾向にあるなかで、いかに執着を離れ、善き原因によって相互に高め合い、人間社会が成立するかという原点から見つめ直したいと思っています。

そういう意味では、釈尊が現代にもっとも必要な縁起という普遍的な教えを示してくださっています。我々には独立自存のものは何一つありませんからね。

横田　縁起という言葉は、なかなか一般の人には通じにくい言葉になりました。言葉に対するイメージがついてしまっています。我々がご縁や縁起を大事にしましょうと言っても、若い人には通じにくいものです。けれど、縁起とは、常に真理です。世は無常であり、縁起であり、つながりあい、その中で、感謝の心や思いやりの心が出てくるのでしょう。感謝や利他の心が、人生を幸せにする最大の知恵ですよね。

塩沼　ええ。何を一番大事にしなければならないですかと訊かれて、答えるのは「気遣いだね」と、即答します。他者に対する気遣いは人間関係の善き潤滑油で、慈しみの愛が人と人とを繋げていきます。「幸せならば幸せを分かち合い、誰かが苦しんでいたならば、相手の痛みを自分の痛みと感じる。そういうところが大事だよね」と。そうでないと、果てしない競争が続き疲弊してしまいますからね。

❖ 宗教心をもつ

塩沼　東京駅を歩いているとしんどいな、と思うことがあるんですね。

横田　ほう、何がですか。

塩沼　人が多い時間帯は、みなさんすごい勢いで歩いておられ、普通にぶつかったりすることもありますよね。海外の人からも、「東京で電車に乗るの怖いね、日本人は心がすさんでるの？」と言われたことがあります。

横田　東京駅は異様ですか。私などは慣れてしまっているけれど。

塩沼　異様です。世界で一番怖いかもしれない。私もニューヨークに行くと、日本との違いが分かります。私の知っている範囲では世界で一番歩くスピードが速いです。しかも、お互いに上手に避けていて、ほぼぶつかることはないです。少しでも身体がぶつかったり、

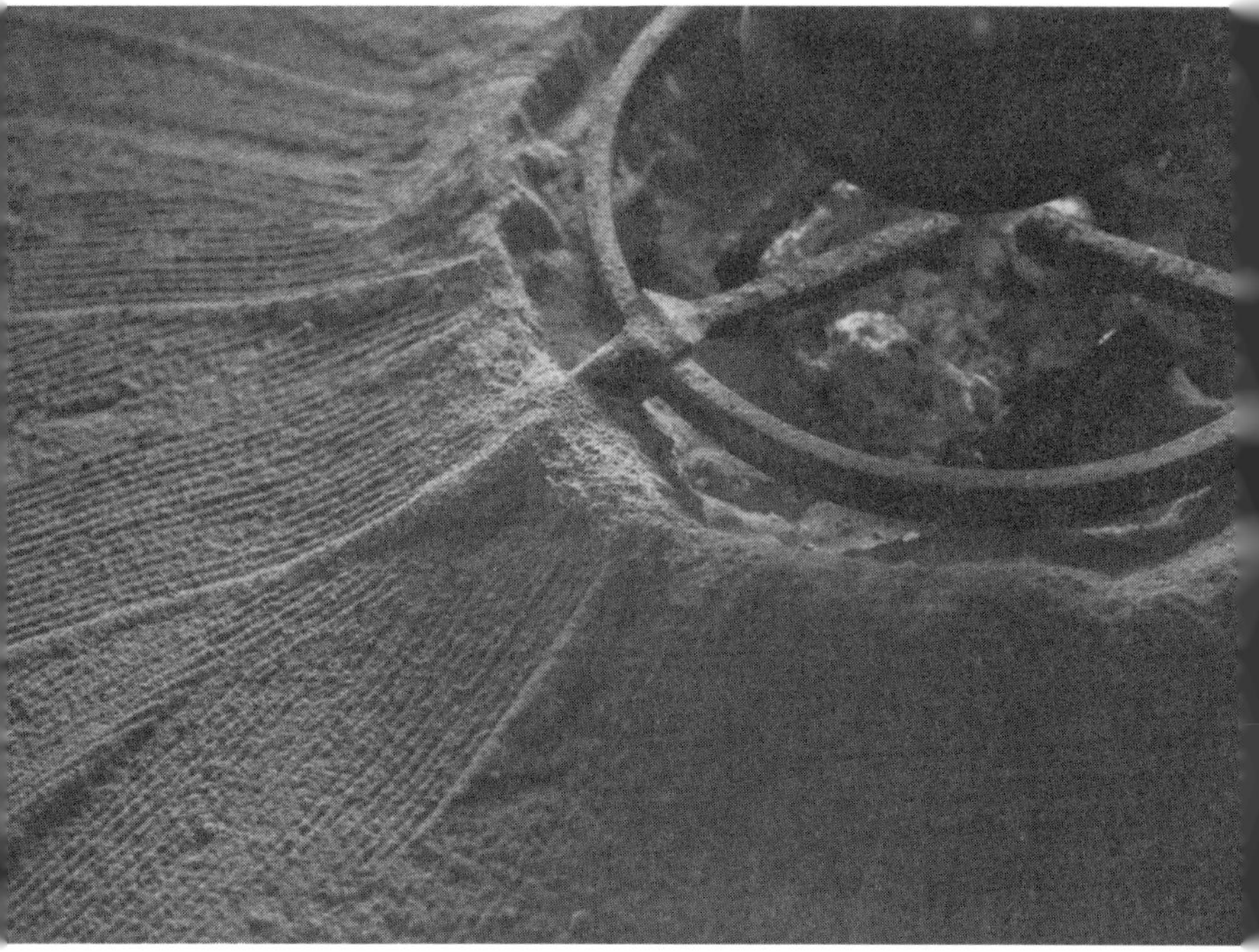

ぶつかりそうになったら、「エクスキューズ・ミー（失礼！）」と言葉を交わします。ドアを開けて駅に入る時など、かりに急いでいても後ろから人が来ている場合は、自分が通過した後でも、ドアを持って待っててくれます。

横田　そうなのですね。

塩沼　日本はとてもいい国で、住みやすいし、食べ物もおいしい。とても恵まれた国だと思うのですが、今の日本人は大切な何かを忘れてしまっているようです。アメリカのマネージャーや在住の人たちは、「日本人は自分たちが世界一おもてなしができる民族だと思っているけれど、全然違うからね」と言っています。

たとえば、道路の向こうに重たそうな荷物を持った人がいるとします。その人がタクシーを止めたら、雨が降っていてもわざわざ向こうまで行って、荷物を載せてあげますからね、それが普通なんです。

横田　日本ではそんなことをすると、奇妙に思われてしまいますね。

塩沼　ブルックリンにお住まいで友人のジャーナリストの方がいるのですが、海外出張から帰って、空港からアパートに着いた時に、「ああどうしよう、スーツケース三個もあるし、四階でエレベーターはないし」と思っていると、必ず「手伝いましょうか」と言ってもらえるので、困ったことはないと。重いスーツケースを運んでくれて、「ハブ・ア・グッド・デイ（いい一日を！）」と言って、去っていくそうです。

横田　うーん、日本人はそこまでしませんね。

塩沼　私も海の外を見るまでは、日本人が一番マナーがいいのかと思っていました。現実を知って今は、「ちゃんとしようよ」と、いろんな人に伝えたいと思っています。

横田　なるほど。宗教性の違いもあるのでしょうか。異なる宗教の方とのおつきあいというのは、いかがですか。

塩沼　ユダヤ教やイスラム教で人気の若手指導者や、たくさんのキリスト教徒の方たちともご縁があります。皆さん素敵な方たちばかりです。そして若いリーダーたちに共通するのは、これからの時代は宗教の垣根を越えて仲良くならなくてはいけない、と。そういう時代になっているのだと思います。

横田　我々はたとえばイスラムというと危ないと思いがちですが、それは一部の人たちでしょう。これからは他の宗教の方たちと、きちんとお付き合いしていくことが大事ですね。

塩沼　ええ。海外の人たちは若くても、宗教や哲学についてちゃんとした自分なりの考えがあって、生きるうえでの自分のバックボーンを持っています。それに対し日本の留学生が海外に行った時に困るのは、「あなたの宗教は何？」と聞かれると、答えられないことです。学校でも家庭でも、少しは日本の国の成り立ちや宗教観なりを、三分くらいでもプレゼンできるように教えた方がいいですね。

横田　そうですね。ただ、日本で「宗教」というと、悪いイメージで捉えられてしまいます。困ったことですね。

塩沼　ちょっと変な時代ですね。前にも言いましたが、檀家制度で、お坊さんが勉強も修行もしなくても食べていけるようになって、安住し努力を忘れてから、だんだんリスペクトされなくなったと思います。面と向かってお坊さんに苦言をいう檀家さんは少ないと思いますが、陰では「あの生臭坊主」とか言う人がたくさんいるのが現実で、仏教の力は弱くなったということでしょう。戦後復興で高度成長時代などに、新興宗教が問題を起こしたこともありますね。

横田　布教というと、阿闍梨さんのように生きる力や生きる元気を与えようというのではなく、ついつい自分たちの宗派を大きくしようとしてしまいます。これは自我ですよね。宗教離れの問題にしても、議論の根底にあるのは自分の教団は残したいという思いが見えています。それが最も妨げになっているということに気づくべきでしょうね。

塩沼　一宗派の布教ということだけで、衆生を救える時代ではないと思いますね。「管長猊下が入堂されます。一同合掌！」とかいう儀式を見ていると、時代劇かと思いますね。何も言わなくても合掌されるくらいでないと、それは信仰ではなく強制ですし、この島国だから辛うじて通じますが、海外に行ったらブーイングでしょう。

自分の宗派を広めようとしなくても、ちゃんとトップが心身を調えていれば、ありのままに、来るもの拒まず去るもの追わずでいれば、自然に広がっていくものです。トップになろうと思わなくても、ちゃんと心身を調えていれば、自然に地位も名声も上がるでしょう。あの手この手を使ったり、棚からぼたもちみたいにしてトップになると、自分自身が苦しいのでしょうね、イベントや信徒に対しての寄付の義務化ばかりしています。

ちなみに、宗教法人法自体が、会社の法人法と変わらないですからね。今は教団組織を経営するわけで、宗教のあり方が本当にこれでいいのかと思うんですよね。大事なのは経営ではなくて、その時代を担う宗教者が、今の人たちを幸せに導けるかどうかだと思います。維持経営にとらわれていると、宗教の力は伸びないですね。毎日成長しないといけないと思うのです、日常生活の中で。

師匠が教えてくれたお話で、「昔あるお坊さんが、ワシが死んだらこの寺を壊してしまえ、あとに残った者の金儲けの道具になるのは嫌やと、そう言った人がおってのう」と。二十歳ぐらいの時に聞いた話なのですが、最近、そういえば師匠がこんなことを言っていたなと思い出して、そんなこともあって昨年、自分が建立したお寺は一代限りと腹をくりました。もちろん、もったいないので取り壊したりしませんが（笑）、あるかたちをとって宗教活動は私一代限りと皆さんに公表したのです。

横田　そうでしたか。それは重い決断ですね。ちなみに、近年ではオウム真理教の問題が大きな影響を与えました。

塩沼　それによって、宗教のイメージが決定的に悪くなりました。戦後の政教分離政策というのもあったでしょうね。アメリカだって大統領になる時に、聖書に手を置くというのに。

けれど今こそ、純な信仰心というか、宗教心は、もっとしっかり持っていいと思います。人として、やっていいことと悪いことはわかるわけですから、いいことをして悪いことをしない、という生き方で、大自然でも神でも仏でもいいのですが、畏敬の念を持つ。一日一秒でも二秒でも、敬意を持って生きていくというのは大事なことだと思います。

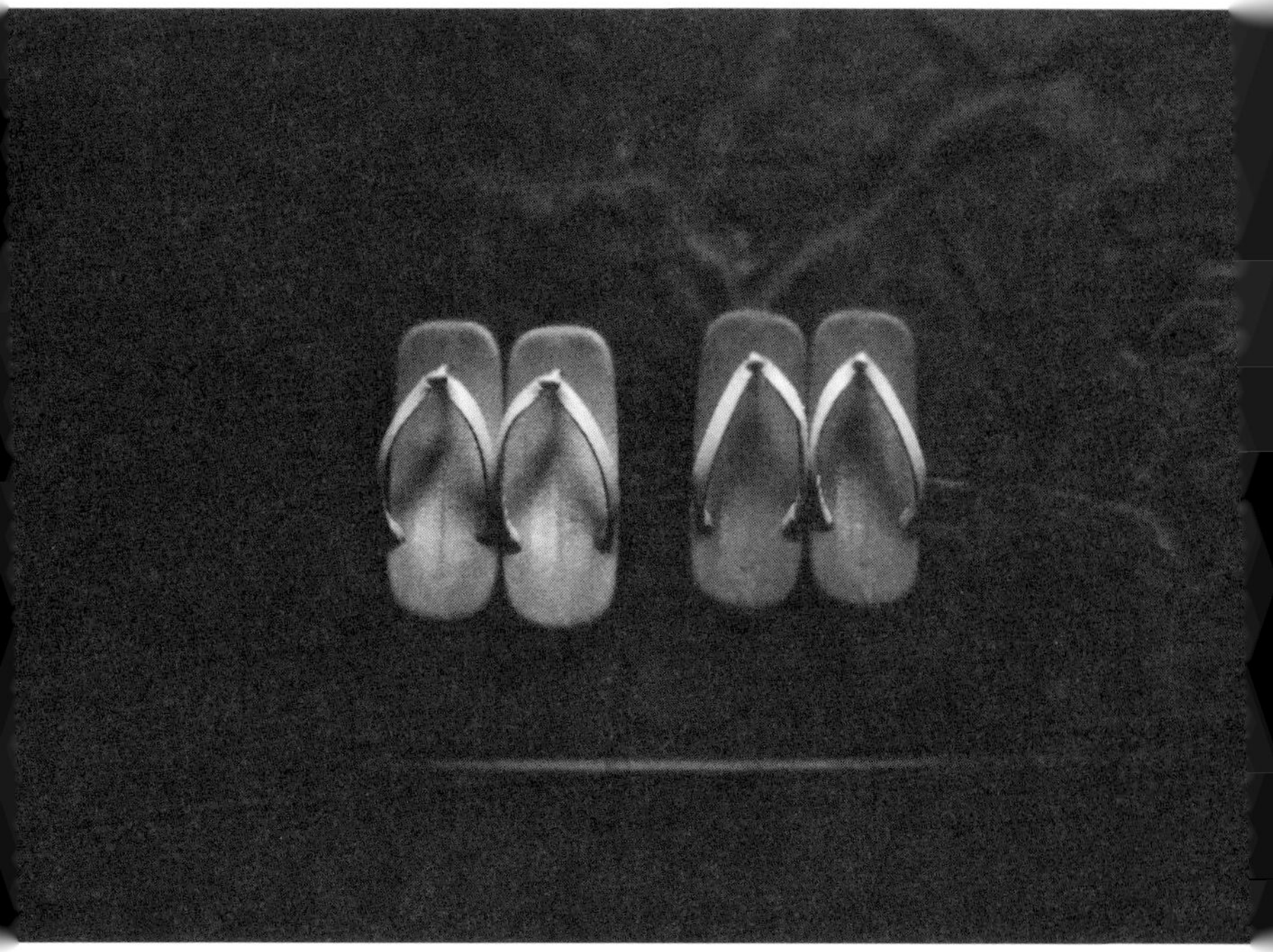

❖――AIと仏教

横田　以前、阿闍梨さんがAI関連の企業の集まりでお話をしたとおっしゃっていましたね。

塩沼　ええ、AIは、まだまだこれからです。AIは始まったばかり、これからどんどん科学技術は進歩してくるでしょうね。もう止まらないと思います。

横田　AIに取って代わられて、なくなる職業も増えるのでしょうね。

塩沼　そう思います。それに対して、それで本当にいいのか、人間にとっての本当の豊かさとは何なのか、と真剣に考えている企業もあるんです。本当に安全安心で公平な社会をAIは作れるのか、と疑問を呈している企業もあります。

私は今ぐらいでもういいのでは、という考えを持っています。人間の仕事が取って代わられるというのは、今はまだ雇用の問題もありますので大丈夫かと思いますが、将来的には分かりません。しかし、AIにできても人間にしかできない仕事というのは必ずあるんです。ですから、どんな時代でも対応できる、自分にしかできない特徴を生かしたものを磨いていかなければなりません。そうでないとご飯が食べていけなくなると思います。

　でも、科学技術は我々人間生活をより快適により豊かにという、人間にとっての快の部分だけを開発しているので、人としての感覚や感性が退化してゆくのではないかと心配です。人間は生まれた時には二つの感覚しかないそうです。それは快と不快です。おしっこをして気持ちが悪ければ泣く、お腹が空けば泣く、気持ちが良かったらご機嫌になる。これが交互に訪れるから、辛抱や恐怖も覚え、人間的に成長するわけです。そこを否定してしまうと、気ままわがままな人間ばかりになってしまうのではないかと心配です。

横田　私も同感です。幸せというけれど、果たしてそれで我々は幸せといえるのであろうか。やはり、私はそういう場に呼ばれると、ブッダの言葉を言うのです、「健康が最高の幸せであり、足ることを知ることが無上の喜びであり、良き仲間が最高の財産であり、心の平安こそが最高の幸せである」と。

　生きているのは、このからだですから、AIに代わってご飯を食べてもらうことはできません。自分のからだが健康で、自分はこれで満足、必要以上に望まない。それから、仲間はやはり人間ですね、同性であれ異性であれ。心は平安に。健康と足ることを知ること、そして、よき仲間と穏やかで平安の心。ブッダはこの四つをあげていますから、そういう生き方がよいのではないかと思います。

塩沼　私も同じです。よき仲間ということでは、私がよくお話の冒頭で言うのは、人と人、心と心が通い合っている瞬間が、人間は一番心が満たされているのだということ。それは友人でも師弟でも、親子でも恋人でもいい。たった一人であっても、よき理解者がいるというだけで、辛いことや苦しいことの心の支えになるのですね。そういう、よき理解者のいる幸せ。私が千日回峰行の辛さの中でも心が潤っていたのは、母ちゃんと婆ちゃんが、いつも仙台で私のことを思って祈ってくれているという。そういう見えないところでのつながりがあって、祈りや心が伝わってきていたからだと思います。

横田　知ってくれている人がいる、というのが大きいのですね。阿闍梨さんをあの山のおじさんが知ってくれていたというのと同じように。声を掛けて応援してくれる存在もありがたいですが、何も言わないけれど、自分のことを知ってくれている人がいるというのは、本当に大きいですね。

そういうことに気づかされると、自分も知ってあげる存在になれるように努めようという気が起きてくるのではないですか。それが慈悲や思いやりの第一歩であり、究極でもあると私は思うのです。

塩沼　そこが原点ですね。ＡＩの議論に結びつけると、ＡＩに心はないのですよね。だから、実際に出会いの中で感ずるもの、お会いして、相まみえて、この人とつながっているな、というのが財産です。

横田　私は指圧のお世話になることがありますが、いくらＡＩが発達しても、指圧のおじさんはなくならないと思いますね。人間の手の柔らかさ自在さに、ＡＩが追いつき追いこすことは、考えられないかなと。

塩沼　そうですね。人間だからこそできること、人間にしかできないことがあります。時代が変わってもこれは変わらないでしょう。

横田　だから坊さんも、――坊さんだけではないけれど、そうあるべきでしょう。直に触れ合えるお坊さんに。そういう触れあいができる努力をしていないといけないんじゃないかなと。

塩沼　そうしたら、みんなが幸せですね。

横田　そういうことでないと、最近あるお寺がロボットを作って、そのロボットは法話もするんです。

塩沼　そうなんですか。私たちはそういうものを取り入れる必要はないかな、と思いますが。

横田　本当にそう思います。ロボットの話を聞いて皮肉を言うのですが、我々坊さんも、本やお経に書いてあることをそのまま言うのであれば、ロボットの法話と変わらない、そういう自己反省の材料にはなると。でも、生の触れあい、生の言葉がなければ、同じことになるだろうと思います。

塩沼　対機説法っていいですよね、そういう意味では。

横田　ロボットも、初めはできあいの法話を人工音声で喋っているだけですが、たぶん目指すところは、ディープラーニングですね。さまざまな経典のデータを入れておいて、信者さんがなにか質問をすると、それに対して適切な経典の言葉を瞬時に見出して、話をしてゆく、というのを目指しているのでしょう。我々も経典の言葉を単に覚えて伝えているだけの法話であれば、ロボットの法話と同じではないかと。それと違うものは何なのか、ということを見直す機会にはなるかもしれない。でも、それにはあまりにもお金がかかる、そんなにお金をかける前に、気づいた方がいいですね。

塩沼　同感ですね。

横田　ＡＩが人間の能力を上回ってしまうだろうとかよく言われますが、でもたとえ囲碁でも将棋でも勝てないとわかったとしても、街の囲碁道場は決してなくならないし、街のおじさんが縁側で将棋をする風景はなくならないと思います。生の人間と人間とのヘボ将棋でも、そこに楽しみや喜びを感じるのが人間でしょう。

塩沼　これからいろんな時代が来るでしょうね。スマートフォンもなくなって、コンタクトレンズみたいになって、電気を消そうと思ったら、自分の感情がスイッチとつながっていて、自分がこうしようと思ったらそうなる、という。

横田　おそろしいくらいですね。

塩沼　世界中の科学技術やＡＩを全て集めてみんな仲良く共有したら、もっとすごい世界になっていると思うのです。しかし、技術開発も企業でありビジネスがからんできますので、だんだんと進化していくのでしょうね。これは理想論ですが、ＡＩにも、足るを知る心や利他の心などを軸にプログラミングし開発されていくと、私たちが生きていく上でストレスのない社会や、安全な世界になる提案をしてくれると思います。そのサポートをヒントに人間が主体となり、ＡＩにたより過ぎず人生を刻んでいけばいいと思うのです。でも、今で十分だと思います。これ以上、便利にならなくても（笑）。

❖——愛と祈りの原点

横田　私がＡＩの講演を頼まれたのは、ノーベル賞の研究者が集まる国際会議でした。日本のノーベル賞学者では利根川進《とねがわすすむ》先生がおられて、私のつたない講演を聞いて控え室で寄ってこられて、「いいことを言ってくれた。これからは足ることを知ることが大事だ」と言ってくれたんです。「そうか、ああいう先生はそう思っているんだ」と、私の方が感動しましたね。あのクラスの人は、足ることを知ることだと見ているのでしょう。

塩沼　世界のトップレベルの方は今、「足るを知る」とおっしゃいますね。

横田　坊さんが一番知らないのかもしれない（笑）。

塩沼　以前、広島でパネルディスカッションの席でパネラーとして私がお話していたら、その最中に観客席にいた世界的な経営学者、フィリップ・コトラー先生が急に客席から割って入ってきて、私との議論がしばらく続いたんです。そうしたら先生が、やっぱり経済で一番大事なのは「足るを知ることだよ」と言われた。経営学者のコトラー先生が「足るを知る」と言われたので、会場のみなさんがひっくり返ったということがありましたね。

横田　残念ながら、坊さんが「足るを知ることだ」と言っても、みんな耳を塞いでしまうんですよね。また坊主の説教かと（笑）。正しいことを言うにも、誰が言うのかによって違います。

塩沼　栄枯盛衰は世の常ですので、永遠に繁栄し続けるものは何ひとつありません。いつかは必ず衰退がくる。そう思えたら、「足るを知る」の心で、ほんの少しの成長でいい、みんなでご飯を食べていけたらいいんじゃないかと思うのです。我々日本社会は、戦後、高度経済成長でつき進んでバブル崩壊にあって、痛い目にあっているのですから、より本質的なあり方を考えたほうがいいですよね。

横田　私などが接する人の中には、まだ右肩上がりの幻想に囚われている人がいますね。栄光を再び、と思っているような気がします。

塩沼　ほぼ難しいことでしょう。それより、私たち日本人が、これからどのような特徴を生かし世界と共存していけるのかということを、本気で考えないといけない。経済でもだめ、食料自給率も三〇パーセントと言われています。いざ何かという時、日本はどうやって生きていくのか、真剣に考えないと。そういうことは、メディアでもはっきり言いませんね。

横田　まだまだ大丈夫だというし、人口減少の問題でも、それを直視しませんね。

塩沼　どう考えても、これからは強くたくましく生きていかなくてはならないし、世界は厳しい状況になると思うんです。

横田　ええ。その発想を変えるのはなかなか大変でしょうが、変えていかなければ。

塩沼　ありがたいことに、まだ国土に恵まれていますから。豊かな山河があるから作物は作れる。もうちょっと食料自給率を上げて高度人材を育てることです。

横田　少しずつ、若い人で田舎に帰って農業をするという動きがあるようなので、それが大きくなって、ある程度、政府がそれを保証するような、そういう展開があるといいと思います。

塩沼　そういうものを乗り越えていく知恵や思想、そして仏教という法脈を受け継いだお坊さんたちがいかに貢献できるかどうか。

横田　先ほどのサボテン屋さんの話ではありませんが、そういう、ちゃんとしたサボテンを作るお店は残っていく。仏教もそれは同じだと思います。どんなに大量生産化しても、通販があっても、本物を作っているお店はなくならない。坊さんもそうでしょう。信念を持って、人と人との身近な触れ合いを大切にするお坊さんは残っていくでしょう。単に宗派を守ろうとしているところから、淘汰されていくでしょうね。

塩沼　ですから最後は、宗教者が衆生のみなさまと同じ目線で向き合えるかどうかです。いろんな宗教がありますが、一番大事なのは、組織の継続は二の次三の次、己を忘れて他を利する、愛と祈りです。そこが宗教者の原点です。

横田　ええ。今のお話のように、愛と祈りさえあればいいという人がいれば、絶対そこは滅びないと思います。これは真理です。

塩沼　いろんなところで、みんなが気づかないといけないということですね。

おわりに

日本の仏教界に「管長」という肩書きで呼ばれる人は、意外に多くいらっしゃいます。しかし、「大阿闍梨」と呼ばれる方は稀であります。

私も「大阿闍梨」という方で存じ上げているのは、塩沼亮潤大阿闍梨お一人であります。

そんなお方と対談できたことは、なんと有り難い、しあわせなことかと感謝しています。

お互いに在家の生まれながら、出家して修行したことや、また年齢も近いので同じ時代を生きてきたことなど、共通点もありますが、回峰行と禅の修行とでは全く正反対のものであります。

回峰行は厳しい大自然の中を文字通り命がけで行います。禅の修行は厳しいと言われるかもしれませんが、畳の上でじっと坐っているだけですから、たいしたことではありません。大阿闍梨からご覧になれば、禅の修行など取るにたらないものだろうと思われます。

しかし、そのような素振りは全く見せずに、私のような者にも丁寧に応対して、お話をしてくださいました。

対談のきっかけは、令和元年の円覚寺夏期講座の講師として塩沼亮潤大阿闍梨をお招きしたことでした。

よく「飾り気のない人」ということを申しますが、大阿闍梨ほど本当に何も飾らぬ人はいないと思います。そんなお人柄と、年齢が近いということもあって、控え室でざっくばらんに会話させてもらっていました。

そこで本の話題になりました。大阿闍梨もたくさんの書籍を上梓されています。私も大阿闍梨ほどではないにしても、すでに十冊を超える本を出しています。

私がしみじみと「たくさん本を出したけれども、もう本を出すのは十分だと思っています」と申し上げると、大阿闍梨も「そうですね、私ももう本は出したくありません」と、おおせになりました。お互いに本をもう出したくないという話が共通の話題となって、私もこんなに話が通じる方はいないと思いました。

そこで私は、こんなお方となら対談をしてみたいなという気持ちが湧いてきて、「お互い本を出したくない者同士で、対談でもしませんか、それを本にしてみたらどうでしょうか」と申し上げますと、大阿闍梨も「横田さんとなら、いいね」と、おっしゃってくださったのでした。

本を出したくないという話から、対談本を出すことになったという不思議なことが起こりました。

鎌倉の円覚寺と、仙台秋保の慈眼寺とで対談は行われました。大阿闍梨の言葉は、どれもご自身の深い体験から出てきているので、説得力があります。たくさんの素晴らしい言葉を聞き得て、対談は私にとって至福の時でありました。

「山の中に入ると、自分の心がとってもきれいになるのがわかるんです。一つ一つの出来事に感動したり、涙が出たり。山の中にいる時は誰もいないので、麓にいる時なんであんなちっぽけなことで悩んでいたのだろうとか、愚かだなとか思って、心の深いところで反省することができます」

「笠に落ちる雨音を聞いた時、昨日まで流した涙が雨となり、悟れ悟れと励ます雨音。人生において、流した涙が川となって大海原に流れ注ぎ、それが雲となり雨となり、また自分の網代笠に落ちてくる。流した涙が自分を励ましてくれる。大自然は全てが繋がっている、まさに信の世界なのでしょうね」

「山中で一番きれいな場所があります。晴れたらお天道さまが微笑んでくれて、木漏れ日が差して蝶々が飛んで、まさに天国のような場所があります。しかしそこはいったん山が荒れると、もう手がつけられないほど怖い場所になって、命を取りにくるんです。まさに天国と地獄は同じ場所、そこで深い世界に入り考えると、ああそうか、天国も地獄も己の心がつくるものだと実感します」

珠玉のような言葉を聞くことができ、こうしてそれを書籍にして皆さまに見てもらうことができて感謝しています。素晴らしい大阿闍梨の言葉を紹介することができたので、それだけで私の役割は十分に果たせたと思っています。

対談を終えて、今の世に大阿闍梨のようなお方がいてくださるなら、きっと何があっても大丈夫なように思えます。頑張っていきましょう。

最後に、本書の出版を快諾された春秋社社長の神田明氏と、我々二人のとりとめのない話を編集してくださった編集取締役の佐藤清靖氏ほかの皆さまに深甚の謝意を表します。

令和二年五月三日

横田南嶺

塩沼亮潤（しおぬま　りょうじゅん）
1968年、仙台市に生まれる。1986年、東北高校卒業。1987年、吉野山金峯山寺で出家得度。1991年、大峯百日回峰行満行。1999年、金峯山寺1300年の歴史で2人目となる大峯千日回峰行満行。2000年、四無行満行。2006年、八千枚大護摩供満行。現在、仙台市秋保・慈眼寺住職。大峯千日回峰行大行満大阿闍梨。著書に『人生生涯小僧のこころ』『人生の歩き方』（以上、致知出版社）、『縁は苦となる苦は縁となる』（幻冬舎）、『大峯千日回峰行』（共著）『〈修験〉のこころ』（共著）『忘れて捨てて許す生き方』『人生でいちばん大切な三つのことば』『春夏秋冬〈自然〉に生きる』（以上、春秋社）ほか多数。

横田南嶺（よこた　なんれい）
1964年、和歌山県新宮市に生まれる。大学在学中に、東京白山・龍雲院の小池心叟老師に就いて出家得度。1987年、筑波大学を卒業、京都・建仁寺の湊素堂老師のもとで修行。1991年、鎌倉・円覚寺の足立大進老師のもとで修行。1999年、円覚寺僧堂師家（現任）。2010年、臨済宗円覚寺派管長（現任）。2017年、花園大学総長（現任）。著書に『二度とない人生を生きるために』（PHP研究所）、『十牛図に学ぶ』（致知出版社）、『いろはにほへと〈一～三〉』（円覚寺居士林編、円覚寺）、『祈りの延命十句観音経』『仏心の中を歩む』『盤珪語録を読む』『禅と出会う』（以上、春秋社）ほか多数。また現在はYouTubeなどにて仏教や禅についての一口法話、ゲストを招いた対談、日々の「管長侍者日記」などを配信中。

本書の塩沼阿闍梨の御印税は、生活困窮者支援のために寄付されます。

今ここをどう生きるか――仏教と出会う
二〇二〇年六月二〇日　第一刷発行
二〇二三年六月三〇日　第三刷発行
著　者　塩沼亮潤・横田南嶺
発行者　小林公二
発行所　株式会社　春秋社
東京都千代田区外神田二―一八―六（〒一〇一―〇〇二一）
電話（〇三）三二五五―九六一一　振替〇〇一八〇―六―二四八六一
https://www.shunjusha.co.jp/
印刷所　萩原印刷株式会社
写　真　上牧　佑
装　丁　美柑和俊

定価はカバー等に表示してあります。
ISBN978-4-393-13417-7

横田南嶺

仏心の中を歩む

今をいきいきと生きるためにできることとはなにか。人としてあることの〈目覚め〉と、かぎりなき〈いのち〉への想いを、切々とうったえる、珠玉の禅エッセイ。

一七六〇円

横田南嶺

仏心のひとしずく

苦難を越えて、生きてあることの〈いのち〉のいとおしさとつよさを、滋味豊かに語る。円覚寺の管長が、人としてあることの目覚めを切々とうったえる鮮烈な仏教エッセイ。

一七六〇円

横田南嶺

祈りの延命十句観音経

3・11以来著者は十句経を唱え、祈ることは「めげずに生きるぞ」という「いのちの宣言」であると説いてきた。円覚寺派管長がみずからの十句経との縁と共に仏教の核心を説く。

一一〇〇円

横田南嶺

盤珪語録を読む

不生禅とはなにか

江戸期、白隠と並び称された異能の禅者、盤珪についてはは知られることが少ない。その語録の丹念な読み解きを通し、盤珪の説いた「不生の仏心」と、その不生禅のすべてを明かす。

二四二〇円

横田南嶺

禅と出会う

禅とはいったいどのようなものか。そして、その修行とは？　誰にでも開かれている禅。あなたも禅を始めてみませんか。禅宗の老大師の手になる初の本格的な入門書が誕生！

一八七〇円

塩沼亮潤・板橋興宗

大峯千日回峰行

修験道の荒行

想像を絶する修験道の荒行、大峯千日回峰行とは。一九九九年に満行した大阿闍梨が、その前人未踏の回峰行と四無行の実際を赤裸々に語る、驚異の書。聞き手は曹洞宗元管長。

一九八〇円

塩沼亮潤

忘れて捨てて許す生き方

吉野・金峯山寺一三〇〇年の歴史上二人目の大峯千日回峰行をなしとげた大阿闍梨が、日常のなかでこそ生かすべき修験のこころと仏法の核心をわかりやすく語りかける。

一三二〇円

塩沼亮潤

人生でいちばん大切な三つのことば

あまりにも当たり前でふだん気にも留めない、けれど人生の根幹をなす宝ものを、「ありがとう」「すみません」「はい」という三つのことばに託して贈る、幸福への道しるべ。

一四三〇円

塩沼亮潤

春夏秋冬〈自然〉に生きる

季節は巡り、風景も人間模様もたえまなく移りゆくなかで、けっして変わらぬ人間のほんとうの生きかたをさりげなく説く、大峯千日回峰行大行満大阿闍梨の温かな法話。

一五四〇円

▼価格は税込（10％）